FATIMA AL RASCHID

DAS ÄGYPTISCHE WEISHEITSSPIEL

Ein geheimnisvolles Frage- und Antwortspiel

Weltbild

INHALT

VORWORT

Das Ägyptische Weisheitsspiel – Orakel, Zukunftsschau oder bloße Unterhaltung? Letzteres ist das primäre Ziel dieses Spiels: Mittels Symbolen aus dem ägyptischen Kulturkreis deckt ein »Orakelleser« Ihren Charakter auf, »weissagt« berufliche Erfolge und gibt Auskunft über Ihr körperliches und geistiges Befinden. Manchem »prophezeit« er auch wirklich Aufregendes in Sachen Liebe. Prüfen Sie, wie nahe Ihr »Orakelleser« der Wahrheit kommt!

BLICK INS UNBEWUSSTE?

Angesichts der Tatsache, dass die Symbole der Spielplättchen aus der faszinierenden Welt des alten Ägyptens stammen, wird jedoch klar: Dieses Spiel kann über den bloßen Unterhaltungswert hinaus weitere Intentionen haben, denn die Götter und Symbole auf den Plättchen sind »Archetypen«. Carl Gustav Jung hat diesen Begriff geprägt für Wissensstrukturen, die im kollektiven Unbewussten enthalten sind. Hier handelt es sich also um Muster, die bei allen Menschen in allen Kulturen und in allen Epochen der Geschichte verankert sind und bei allen Menschen ähnliche Reaktionen auslösen. Auch wenn uns dies nicht bewusst ist, so handelt es sich hier um ein Wissen, das in unserem Innersten gespeichert ist, aber nicht bei jedem ins Bewusstsein gelangt. Archetypen können positive wie negative Gefühle auslösen. Verstehen Sie die Symbole als Anregung, genauer auf Ihre Gefühle zu hören und deren Ursachen zu ergründen. Vielleicht werden Ihnen dann auch viele Verhaltensweisen klar, die Sie immer wieder in ähnliche Situationen geführt haben. Dabei ist es im Prinzip unbedeutend, welches Symbol Sie auswählen und auf dem Spielfeld auslegen. Entscheidend ist, wie Sie mit den Zeichen auf den Plättchen umgehen und diese für sich interpretieren.

MAGISCHE WELT ÄGYPTENS

Egal, ob Sie nun dieses Spiel zur Unterhaltung nutzen oder als Tor zu Ihrem Ich verstehen, behalten Sie immer im Auge, dass die Basis für Spielbrett und Holzplättchen die magische Welt Ägyptens ist. Um Ihnen einen Einblick in die Kultur dieses faszinierenden Landes zu vermitteln, ist das erste Kapitel Ihres Handbuchs der Geschichte Ägyptens gewidmet; denn in kaum einem anderen Kulturkreis der Erde sind Personenkult des regierenden Herrschers und Götterverehrung – und damit auch die magische Symbolik – so dicht miteinander verwoben wie im Niltal. Der Pharao selbst galt den Ägyptern als Inkarnation des Falkengottes Horus.

Wenn Sie sich nicht länger mit Geschichte und Magie Ägyptens aufhalten möchten und sofort loslegen wollen, schlagen Sie das zweite Kapitel (→ Seite 18) auf. Hier erfahren Sie Genaueres zum Spielaufbau und zur Auswahl der Holzplättchen, während Sie Näheres zu Bedeutung und Deutung der Symbole im Kapitel »Von Ach bis Unesch« (→ Seite 24) nachlesen.

Nun sind Sie bestens ausgestattet mit der Weisheit Ägyptens. Bleibt nur noch, Ihnen eine vergnügliche Reise in die »Orakelkunst« des Nillandes zu wünschen!

Ihre Fatima al Raschid

Ab der 5. Dynastie trugen die Pharaonen fünf rituelle Namen, gefolgt von ihren eigenen. Drei dieser Namen stehen in engstem Zusammenhang mit der Mythologie Ägyptens: »Horus«, »Goldhorus« und »Sohn des Re«.

Ägypten – Magisches Land am Nil

»Geschenk des Nils«, nannte der griechische Historiker Herodot das faszinierende Land im Nordosten Afrikas. Der 1000 Kilometer lange Fluss ist die Lebensader Ägyptens und sein fruchtbares Umland bildet das Fundament für die wirtschaftliche und politische Entwicklung der Region. Dem Nil ist es zu verdanken, dass sich in diesem von Wüsten umschlossenen Gebiet eine der ältesten Kulturen entwickeln konnte.

3000 JAHRE IN KÜRZE

In der Vergangenheit unterteilten die Historiker die Geschichte des Alten Ägyptens in 30 Dynastien, beginnend bei etwa 3200 v. Chr. Heute unterscheidet man drei große Epochen – Altes, Mittleres und Neues Reich –, die Zwischenzeiten sowie Früh- und Spätzeit. Jedes der drei großen Reiche ist durch eine aufstrebende Entwicklung gekennzeichnet, die in einer kulturellen und politischen Blüte gipfelte. Die Zwischenzeiten markieren den wirtschaftlichen Zusammenbruch des Reiches, der von inneren Kämpfen begleitet war. Immer wieder wurde Ägypten auch zum Spielball fremder Mächte. Festgehalten wurde die abenteuerliche Geschichte dieses Landes teils in königlichen Urkunden auf Papyrus, in Gedichten, Grabinschriften und Malereien auf den Tempelwänden.

FRÜHZEIT

(um 2850–2660 v. Chr.; Thinitenzeit)

König Menes, auch Narmer genannt, gründete die 1. Dynastie. In den folgenden 400 Jahren vereinigten er und seine Nachfolger Ober- und Unterägypten und errichteten die Hauptstadt Memphis. Sie rangen der Wüste neues Land ab und ließen sich für ihr Nachleben mächtige Königsgräber (Mastaba) erbauen.

Menes trug als erster König die ägyptische Doppelkrone, das Symbol der vereinigten Länder. Macht und Wohlstand stellten sich ein. Erste Hieroglyphen finden sich auf Schiefertafeln, die Menes bearbeiten ließ, um seine Siege zu manifestieren. Man kann sie mit der sumerischen Bilderschrift vergleichen.

ALTES REICH

(um 2660–2135 v. Chr.; Pyramidenzeit)

Der König war der absolute Herrscher. Schon zu Lebzeiten ließen sich die hohen Herren für das Leben im Jenseits gewaltige Pyramiden errichten. Alle Untertanen mussten bei der Errichtung eines Grabes Frondienste leisten. Unter König Djoser entstand die Stufenpyramide von Sakkara, der erste Monumentalbau der Welt. Innerhalb von 200 Jahren waren Ingenieurskunst und Arbeitsorganisation so weit vervollkommnet, dass unter anderem König Cheops die gewaltigen Pyramiden von Giseh westlich von Kairo erbauen lassen konnte. Der Kalender mit 365 Tagen erlangte Gültigkeit.

Die Könige führten eine funktionierende, zentralistische Verwaltung ein, mit obersten Ministern, Beamten und Gerichten und unterteilten das Land in mehrere Gaue. Alle diese Maßnahmen erweiterten die königlichen Machtbefugnisse. Der Pharao war nun erblicher König und verkörperte den Falkengottes Horus. Die Ägypter glaubten an ein Totengericht sowie an ein Fortleben im Jenseits und ernannten den Vegetationsgott Osiris zum Totengott.

Mit der Erhebung der Sonnen- zur Staatsreligion wurde der König zum Sohn des Sonnengottes Re. Auch die Bedeutung der Priester wuchs; denn seit der 5. Dynastie erhielten sie Landschenkungen. Mit dieser erblichen Verleihung von Grundbesitz entwickelte sich ein Adelsstand, der den Beamtenstaat zum Feudalstaat machte. Eine damit verbundene Dezentralisierung sowie die wirtschaftliche Auszehrung des Landes bedingt durch den aufwendigen Pyramidenbau schwächten die Stellung des Königs. Hungersnöte und Unruhen taten ein Übriges.

ERSTE ZWISCHENZEIT
(von 2134–2040 v. Chr.)

Der Süden machte sich selbstständig. Kämpfe unter den Adligen hatten Rechtsunsicherheit mit Aufständen und Zerstörungen der Gräber zur Folge. Um 2134 zerfiel das Alte Reich in zwei rivalisierende Königreiche.

MITTLERES REICH
(um 2040–1785 v. Chr.)

Um die Wende vom 3. zum 2. Jahrtausend gelang nach wechselvollen Kämpfen unter Mentuhotep I. (11. Dynastie) von Theben aus die Wiedervereinigung Ägyptens. Die Verwaltung des Landes sollte zentralisiert werden, die Macht der Gaufürsten sollte eingeschränkt und die Autorität des Königs neu gestärkt werden, doch es dauerte fast 150 Jahre, bis die alten Strukturen aufgelöst waren. Inzwischen hatte man Fortschritte in der Bewässerung des Landes gemacht und damit den Menschen zu größerem Wohlstand verholfen. Der Bau der Pyramiden wurde, wenn auch in bescheidenerer Form, fortgesetzt. Die Könige Thebens erhoben den bisher unbedeutenden Gott Amun zu nationaler Bedeutung. Ihm zu Ehren errichtete man eine große Tempelanlage in Karnak.

Fortan betrieben die Ägypter eine aggressivere Außenpolitik, da kleinere Königreiche aus Kleinasien und dem Süden dem Land am Nil gefährlich wurden. Unter dem König Amenemhet I. (1991–1962 v. Chr.) eroberte Ägypten Unternubien. Sesostris III. dehnte schließlich sein Herrschaftsgebiet bis nach Kleinasien – über Palästina bis ins südliche Syrien – aus und machte die dortigen Könige zu Vasallen. Unter den Pharaonen erlangte Ägypten seine alte Blüte. Die Handelsbeziehungen des Landes reichten bis nach Kreta.

Im Laufe der Zeit übernahmen die vom König bestellten Wesire immer mehr die Kontrolle über das Land. Die Stellung des Königs wurde geschwächt; Machtverlust, aber auch die Inkompetenz nachfolgender Pharaonen führten zu neuen Wirren und politischen Auseinandersetzungen.

ZWEITE ZWISCHENZEIT
(um 1785–1552 v. Chr.)

Um 1650 drangen die Hyksos (Asiaten und palästinensische Semiten) in Unterägypten ein. Mit ihren von Pferden gezogenen Streitwagen und einer fortschrittlichen Waffenausrüstung waren sie den Ägyptern weit überlegen; schon bald beherrschten die Hyksos das Nildelta und errichteten hier ihre Hauptstadt Avaris.

Oberägypten blieb weitgehend unabhängig, verlor aber Unternubien. Erst in der 18. Dynastie hatte sich in Theben eine starke Führung herangebildet, die eine mächtige Armee hervorbrachte. Die Hyksos wurden nun endgültig besiegt.

Im Zuge der politischen Kontakte mit anderen Völkern vollzog sich auch ein reger Kulturaustausch zwischen Ägypten und Vorderasien. Bronze, Öl, Pferd und Leier verdankt Ägypten seinen asiatischen Nachbarn, während ägyptisches Gold den Weg in viele Länder des Orients fand.

NEUES REICH
(1552–1070 v. Chr.)

Unter den königlichen Nachfolgern Amenophis I. und Thutmosis I. galt Ägypten als führende Großmacht im Mittelmeer. Im Norden überschritten die Ägypter den Euphrat; im Süden eroberte man unter anderem das Reich Kusch (Unternubien).

Die Ausdehnung des Reiches wurde durch Hatschepsut (1501–1480), Tochter des Thutmosis I., unterbrochen. Sie wendete sich mehr der Innenpolitik zu und verzichtete auf eine aggressive Außenpolitik. Als Regentin übernahm sie die Regierung für ihren minderjährigen Stiefsohn Thutmosis III. Bald machte sich diese außergewöhnliche Frau selbst zur Pharaonin. Unter ihrer Herrschaft errichtete man große Tempelanlagen und verstärkte den Außenhandel. Schließlich stieß Thutmosis III. (1480–1448) seine Stiefmutter vom Thron. Nach mehreren, langen Feldzügen erlangte er die Herrschaft über Syrien. In Nubien setzte er einen Vizekönig mit Verwaltung und einem stehenden Heer ein. Ägypten erreichte jetzt seine größte Ausdehnung.

Ein erneuter Niedergang setzte unter dem »Ketzerkönig« Amenophis IV. ein, der sich später Echnaton (1353–1335) nannte. Er und seine Frau Nofretete versuchten, dem Land eine monotheistische Sonnenreligion aufzuzwingen. Echnaton erhob Aton, die Sonnenscheibe, zum einzigen Gott und verlegte die Residenz nach Echetaton. Nach Echnatons Tod verschwand die neue Religion, da sie im Volk wenig Beachtung fand; man kehrte zu den alten Traditionen zurück und ernannte Theben erneut zur Hauptstadt. In der folgenden Zeit der Wirren ging Vorderasien an die Hethiter verloren. Haremhab und später Sethos I. (1350–1290) stellten die alten Machtverhältnisse wieder her. Ramses II. (1290–1224) profilierte sich zum bedeutendsten aller Pharaonen.

Während des Neuen Reiches erhielten die Tempelpriester große Landschenkungen. Das Priesteramt war erblich geworden, und die Priester entzogen sich zunehmend der Kontrolle des Pharao. Man erbaute mächtige Tempelanlagen unter anderem in Luxor, Karnak und Abu Simbel.

Dritte Zwischenzeit
(um 1070–712 v. Chr.)

Um 1000 v. Chr. brach das riesige Reich auseinander. Das nubische Reich Kusch stieg allmählich zur Großmacht auf. Seine Könige betrachteten sich als rechtmäßige Nachkommen der Pharaonen und übernahmen 712 die Macht in Theben.

Spätzeit
(712–332 v. Chr.)

Nach äthiopischer Fremdherrschaft (712–665) wurde Ägypten 664 v. Chr. assyrische und 525 v. Chr. persische Provinz. Alexander der Große eroberte das Land 332 v. Chr. und begründete die griechische Herrschaft am Nil. Nach dem Tod des großen Feldherrn im Jahr 323 v. Chr. herrschten die Ptolemäer über Ägypten. Die nachfolgenden Könige waren in Kriege gegen Syrien und Palästina verwickelt, aber letztlich konnte nur Ägypten gehalten werden. Eine Schwächung des Throns sowie zunehmender Einfluss aus Rom führten 30 v. Chr. zur Besetzung. Ägypten wurde römische Provinz.

Königin Kleopatra (51–30 v. Chr.) gelang es, den römischen Feldherrn Cäsar und später Marc Anton zu bezaubern. So rettete sie ihr Land zunächst vor dem Zugriff Roms. Doch in der Seeschlacht von Actium (30 v. Chr.) wurde Marc Anton durch Octavian, den späteren Augustus, geschlagen. Kleopatra beging Selbstmord, und das hellenistische Ägypten starb mit ihr.

MAGIE ÄGYPTENS

Vor 5000 Jahren entwickelte sich am Nil eine der ersten Hochkulturen. Seither liegt über dem Volk der Ägypter ein Zauber. Schon der Geschichtsschreiber Herodot berichtete von geheimnisvollen Tempeln, sagenhaften Schätzen sowie kolossalen Statuen. Eine Monumentalkultur, die bis heute nichts an mystischer Ausstrahlung eingebüßt hat. Ihre Bauwerke wurden mit Hieroglyphen und Seelenbildern geschmückt. In Stein geschnitten oder auf Wände gemalt, künden sie bis heute von den magischen Kräften, die das Nilland in der Vergangenheit beherrschten.

ABWEHR DES BÖSEN

Magie dominierte das Land am Nil. So glaubten die Ägypter etwa, sich mittels Amuletten gegen Krankheiten und Unheil schützen zu können. Kleine Figürchen aus Glas, Bronze, Gold oder Fayence, die Götter und Götterattribute darstellten, wachten über die Sicherheit des Körpers. Sie wurden um den Hals von Mumien gebunden, und auch Lebende trugen sie auf der Brust. Ebenfalls zur Verhütung von Bösem diente die Aufstellung von Götterbildern, die man mit Zaubersprüchen belegte. Sollte das Land vor Gegnern geschützt werden, formte man Figuren, bezeichnete sie mit dem Namen der feindlichen Mächte und verbrannte oder begrub sie. Symbolisch wurde so der Feind zerstört.

ORAKEL

Einen weiteren Aspekt magischer Rituale Ägyptens bilden Orakel. Den Göttern sprach man dabei die Fähigkeit zu, Fragen zur Vergangenheit, Gegenwart oder Zukunft zu beantworten. Häufig handelte es sich um alltägliche Probleme, für die die Menschen eine Antwort suchten: »Wie kann ich gesund werden?« oder »Zu welchem Zeitpunkt empfiehlt sich die Reise?«. Aber auch Probleme von staatstragender Bedeutung wurden mittels Orakel entschieden: »Wann ist ein Feldzug günstig?«, »Wer soll Hohepriester werden?« Es gab diverse Befragungstechniken. So wurden zum Beispiel Schilfblättchen mit möglichen Antworten beschrieben und dann verdeckt gezogen. Bei einer anderen Methode sollte die Statue eines Gottes Auskunft geben, die in einer Prozession mitgetragen wurde. Man beobachtete den Schritt der Träger und schloss daraus eine Ja- oder Nein-Antwort.

Wenn im Folgenden auf die magische Symbolik Ägyptens zurückgegriffen wird, so bedeutet dies nicht, dass Sie Prophezeiungen zu Gegenwart oder Zukunft erhoffen dürfen. Wie eingangs bereits erwähnt, können Sie das Ägyptische Weisheitsspiel zu Ihrer bloßen Unterhaltung verwenden. Sie können sich aber auch davon anregen lassen, genauer hinzusehen und Ihrem Innersten auf den Grund zu gehen.

Der Spielaufbau

In diesem Kapitel erfahren Sie, wie das Spielfeld aufgebaut ist und welche Bedeutung seine Felder haben. Wählen Sie die Holzplättchen aus, und legen Sie diese nach dem im Folgenden beschriebenen Modus auf. Näheres zu Mythos und möglicher Deutung der Plättchen lesen Sie im nächsten Kapitel.

ALLES KLAR ZUM START!

DIE SPIELER

Mit zwei Spielern ist das Ägyptische Weisheitsspiel optimal besetzt. Einer der beiden Teilnehmer übernimmt beim ersten Durchgang die Rolle des »Orakellesers«, während der andere das Orakel empfängt. Beim zweiten Durchgang werden die Aufgaben gewechselt. Findet sich kein Mitspieler, oder möchten Sie das Spiel alleine spielen, müssen Sie die Aufgabe des »Orakellesers« selbst übernehmen.

DAS SPIELFELD

Vor Ihnen liegt nun das Spielfeld des Ägyptischen Weisheitsspiels. In seiner Mitte befindet sich eine drehbares Quadrat, das die Grundfläche einer Pyramide symbolisiert. Seine vier Ecken sind mit den Zahlen eins bis vier gekennzeichnet.

An jeder Ecke des Spielfeldes wurde der Tempel einer bedeutenden Gottheit der ägyptischen Mythologie platziert: der Tempel der Hathor, der Maat, des Osiris sowie der Tempel Amuns.

DIE PYRAMIDE

Die Königsgräber sind das Hauptziel der heutigen Besucher Ägyptens. Seit etwa 2750 v.Chr. bestattete man Könige und Königinnen zusammen mit ihren Familienmitgliedern in den zum Himmel weisenden Steinbauten und versorgte sie mit zahllosen Grabbeigaben für das Leben nach dem Tod. Für die Ägypter galt der Tod als ein mithilfe magischer Kräfte verlängertes Leben. Die Pyramide wird somit zum Sinnbild von Leben und Sterben zugleich; sie ist das zentrale Element des Spiels, und auf ihr werden Sie Ihre Holztäfelchen ablegen.

DIE TEMPEL

Wohnungen für die Götter baute man im Niltal schon zu Zeiten der primitiven Kulturen. Aus den vorgeschichtlichen Schilfhütten entwickelten sich im Laufe der Jahrtausende steinerne Gebäudekomplexe, welche die Wohnung des Gottes wie auch Räume für die Priester und das Tempelpersonal sowie Magazine und Speicher umfasste. Herz des Tempels aber war die

Kapelle, die den Schrein mit dem Götterbild barg und den Kern der Verehrung darstellte. Das Ägyptische Weisheitsspiel gibt jedem Tempel eine bestimmte Bedeutung, die einem von vier Aspekten der Auslegung entspricht.

DER TEMPEL DES AMUN

Amun, Herr der Schöpfung und Erneuerung, ist das Oberhaupt der ägyptischen Götter. Das Feld des Amun gibt Auskunft über die hervorstechenden Charaktereigenschaften des Spielers.

DER TEMPEL DES OSIRIS

Osiris, Gott der Ernte und Fruchtbarkeit, aber auch oberster Totengott im alten Ägypten, konnte den Tod durch die Liebe seiner Gemahlin Isis überwinden. Er gibt Informationen über das körperliche und geistige Wohlbefinden des Spielers.

DER TEMPEL DER HATHOR

Hathor, die Liebes- und Muttergöttin der Ägypter, erteilt Auskunft über die Beziehungen des Spielers. Wie steht es um Liebe und Freundschaft? Welche Beziehungen wirken prägend und beeinflussend?

DER TEMPEL DER MAAT

Die Göttin Maat steht für Ordnung und Gerechtigkeit. Sie liefert Informationen zur beruflichen Situation des Spielers. Wo gibt es Störungen, sind Beruf und Privatleben im Einklang? Ist die Zeit für einen Wandel in beruflichen Dingen angesagt?

DIE HOLZPLÄTTCHEN

Jedes Holzplättchen des Ägyptischen Weisheitsspiels trägt das Symbol einer Gottheit oder eines Elements der ägyptischen Mythologie. Auf der vorderen Umschlaginnenseite finden Sie die Zuordnung der Namen zu den Symbolen. Näheres zu den Zeichen erfahren Sie im Kapitel »Von Ach bis Unesch« auf den Seiten 24 bis 141. Dort finden Sie sämtliche Symbole in alphabetischer Reihenfolge aufgelistet. Dieses kleine Nachschlagewerk informiert Sie über die Bedeutung jedes einzelnen Symbols, über die Verehrung der Gottheit und ihren Stellenwert im ägyptischen Pantheon. Den Erklärungen folgt die Interpretation, die sich entsprechend den vier Tempeln in vier Möglichkeiten unterteilt: Tempel des Amun/Charakter, Tempel des Osiris/körperliches und geistiges Wohlbefinden, Tempel der Hathor/Liebe und Beziehung, Tempel der Maat/Beruf. Von Bedeutung für die Auslegung ist auch die Lage des Plättchens. Liegt es auf dem Kopf, muss es anders interpretiert werden als ein richtig liegendes Plättchen. Damit sind wir schon bei einem wesentlichen Punkt des Spiels angelangt: dem Auflegen der Plättchen.

Das Auflegen der Plättchen

Legen Sie zunächst alle Plättchen mit dem Symbol nach unten auf dem Tisch oder einer anderen ebenen Unterlage auf. Der Spieler mischt nun die Plättchen in langsamen Kreisbewegungen und legt sie dann entsprechend dem im Folgenden abgebildeten System aus.

Wer wenig Zeit hat, wählt eine kurze Variante des Spiels: Verzichten Sie auf das Spielfeld und das beschriebene Auswahlverfahren der Holzplättchen. Ziehen Sie stattdessen mit geschlossenen Augen ein Plättchen aus dem Beutel, und nehmen Sie dieses als Grundlage Ihrer Deutung.

26 27

1

2 3 4

5 6 7 8 9

10 11 12 13 14 15 16

17 18 19 20 21 22 23 24 25

28 29

Der »Orakelleser« legt nun das Spielfeld vor sich auf den Tisch. Die Pyramidenscheibe wird so ausgerichtet, dass die Seite der Ziffern »1« und »4« eine Parallele zur unteren Spielfeldlinie ergibt.

Vier Plättchen werden nun, entsprechend ihrer Position in der obigen Auslegefigur, folgendermaßen auf das drehbare Pyramidenfeld gelegt.

Plättchen 1 auf Ziffer 1
Plättchen 17 auf Ziffer 2
Plättchen 23 auf Ziffer 3
Plättchen 29 auf Ziffer 4

Beim Auflegen werden die Plättchen umgedreht, sodass das Symbol nach oben zeigt. Achten Sie darauf, dass Plättchen, die in verdeckter Lage auf dem Kopf stehen, auch jetzt wieder auf dem Kopf stehen müssen. Die restlichen Plättchen werden für diesen Spieldurchgang nicht mehr benötigt und können vorerst zur Seite geräumt werden.

Der Spieler schließt die Augen und dreht das Pyramidenfeld im Uhrzeigersinn. Der »Orakelleser« muss anschließend das Pyramidenfeld so ausrichten, dass jeder Stein auf denjenigen Tempel zeigt, in dessen Nähe er zur Ruhe gekommen ist. Ist eine eindeutige Zuweisung nicht möglich, schiebt der Spieler das Pyramidenfeld nochmals etwas an. Liegen die Steine seitlich, so wird das Pyramidenfeld um eine Position weiter im Uhrzeigersinn gedreht.

DIE DEUTUNG

Die Position, in der sich die Plättchen jetzt befinden, ist Basis für die Deutung. Jedes Plättchen, das auf dem Pyramidenfeld liegt, ist nun einem Tempel zugeordnet, und wie Sie bereits oben erfahren haben, entspricht jeder Tempel einem bestimmten Aspekt der Auslegung.

Für die Deutung und Auslegung schlägt der »Orakelleser« nun im Kapitel »Von Ach bis Unesch« nach. Hier findet er unter den Symbolen eine kurze Einführung in die kulturhistorischen und mythologischen Inhalte sowie die entsprechend den Tempeln und ihrer Bedeutung unterschiedlichen Interpretationen. Weist zum Beispiel das Plättchen mit dem Phönix auf den Tempel der Hathor, so lesen Sie unter Phönix auf Seite 100 im Abschnitt »Tempel der Hathor/Liebe und Beziehung« nach. Achten Sie darauf, ob das Plättchen richtig liegt oder auf dem Kopf steht. In letzterem Fall müssen Sie unter der entsprechenden Auslegung im Teil »Umgedrehtes Holzplättchen« nachlesen.

Haben mehrere Personen Lust auf das Weisheitsspiel, so treten zu Spieler und Orakelleser die Kommentatoren. Als hochinteressant erweisen sich meist die unterschiedlichen Sichtweisen bei der Interpretation der Symbole. Nicht selten unterscheidet sich das Bild, das der Orakelbefrager von sich hat, stark von dem der Kommentatoren.

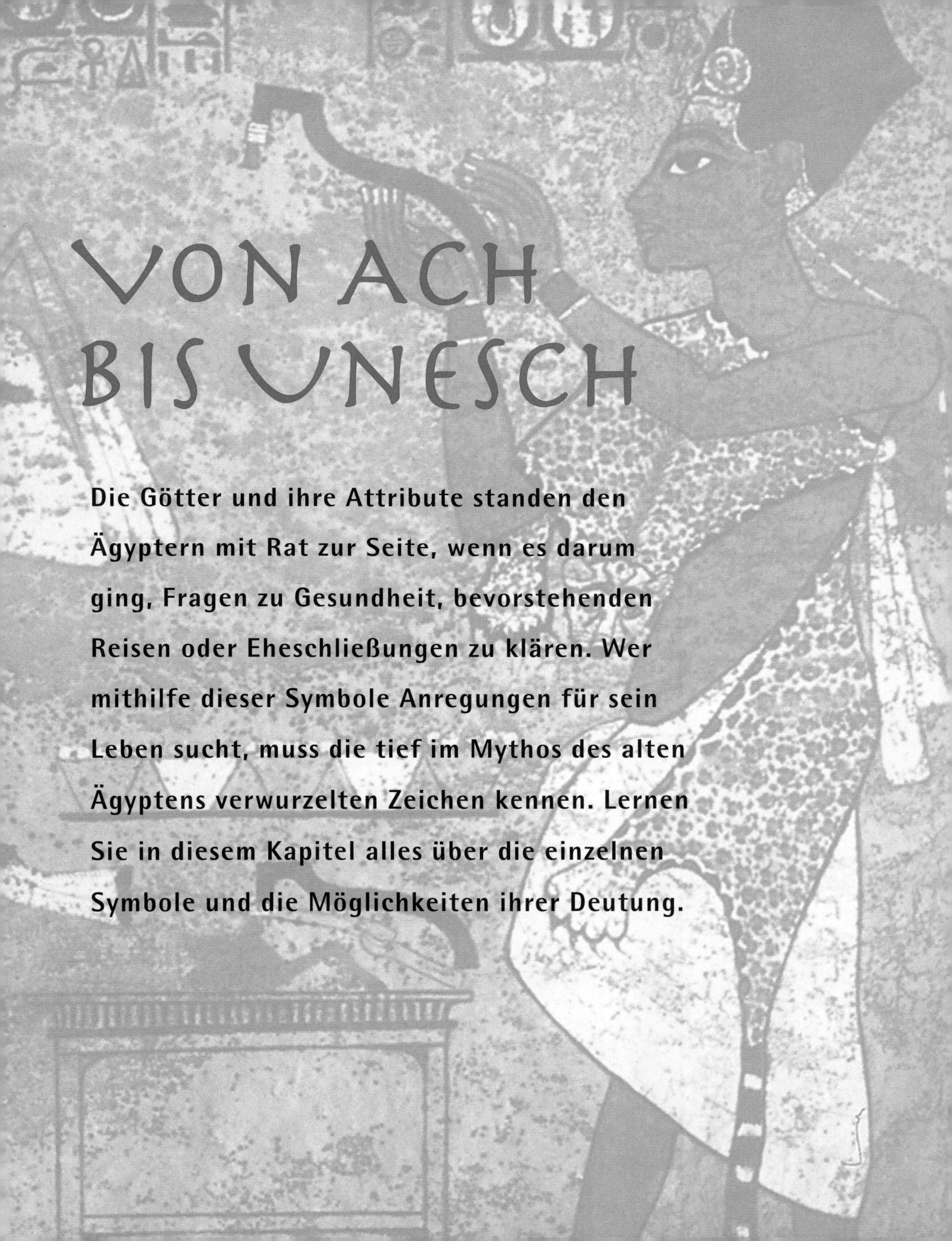

VON ACH BIS UNESCH

Die Götter und ihre Attribute standen den Ägyptern mit Rat zur Seite, wenn es darum ging, Fragen zu Gesundheit, bevorstehenden Reisen oder Eheschließungen zu klären. Wer mithilfe dieser Symbole Anregungen für sein Leben sucht, muss die tief im Mythos des alten Ägyptens verwurzelten Zeichen kennen. Lernen Sie in diesem Kapitel alles über die einzelnen Symbole und die Möglichkeiten ihrer Deutung.

ACH

Leben

BEGRIFFE Lebenshauch; Energie

MYTHOS Die Herkunft des Zeichens ist unklar. Ach steht als Symbol für den Lebenshauch. Es wird häufig in den Händen von Gottheiten dargestellt, die den Lebenshauch innehaben und diesen an den Pharao, seine Familienangehörigen und seine Untergebenen übertragen. Darüber hinaus ist das Zeichen als Begleiter des Toten von Bedeutung.

RICHTIG LIEGENDES HOLZPLÄTTCHEN

TEMPEL DES AMUN / CHARAKTER Immense Tatkraft, starkes Konkurrenzbewusstsein und ausgeprägter Ehrgeiz zeichnen Menschen unter diesem Symbol aus. Doch gehen sie bei all ihren Unternehmungen nicht über Leichen, denn sie sind für die Bedürfnisse der anderen äußerst empfindsam und stehen Menschen in Not mit uneigennütziger Großzügigkeit zur Seite. Auffallend und für die Umwelt nicht immer verständlich ist das lebhafte Temperament, mit dem diese Menschen ausgestattet sind.

TEMPEL DES OSIRIS / KÖRPERLICHES UND GEISTIGES WOHLBEFINDEN Ach verleiht eine gesunde Einstellung zu Körper und Geist, was sich wiederum auf das gesundheitliche Wohlbefinden auswirkt. Sorgen Sie für frische Luft und regelmäßige Bewegung, dann können Sie diesen wohltuenden Zustand auch in nächster Zeit genießen.

TEMPEL DER HATHOR / LIEBE UND BEZIEHUNG Mit ungetrübter Freude, Lust und Offenheit gehen Ach-Menschen in eine Beziehung – egal, ob es sich um eine Liebes- oder eine freundschaftliche Beziehung handelt. Ein lustvolles Liebesleben und die Fähigkeit, dem anderen Freiheiten zuzugestehen, sichern den Erfolg der Partnerschaft. Möglicherweise beherrscht Sie momentan ein außergewöhnliches emotionales Thema. Besprechen Sie es offen mit Ihrem Partner, und lassen Sie ihn über Veränderungen in Ihrer Gefühlswelt nicht im Unklaren. Sie sind ein schlechter Schauspieler und können veränderte Gefühle nicht verbergen.

TEMPEL DER MAAT / BERUF Kollegen und Kolleginnen können sich glücklich schätzen, mit Ach-Typen zusammenarbeiten zu dürfen. Denn auch berufliche Beziehungen sind von Offenheit und zuvorkommendem, freundlichem Verhalten bestimmt. Ehrgeiz und Konkurrenzbewusstsein, die dem Ach-Menschen Erfolg im Beruf garantieren, arten nie aus und gehen nicht auf Kosten anderer. Umgekehrt müssen sich Menschen, die das Zeichen Ach gezogen haben, vorsehen. Nicht immer stoßen ihre wertvollen Eigenschaften auf positive Resonanz. Gerade im Berufsleben werden Großzügigkeit und Ehrlichkeit von Kollegen oder Vorgesetzten gerne ausgenutzt. Hüten Sie sich vor Mitarbeitern und Arbeitskollegen, die von Ihnen profitieren wollen!

UMGEDREHTES HOLZPLÄTTCHEN

TEMPEL DES AMUN / CHARAKTER Reizbar, aggressiv und launisch erleben Amun-Typen ihren Alltag. Bei Menschen unter diesem Zeichen haben sich gesunder Ehrgeiz und Konkurrenzbewusstsein des Ach-Typen gewandelt. Rücksichtsloses Verhalten und intrigenreicher Kampf im Privat- und Berufsleben kennzeichnen den momentanen Lebensweg. Menschen unter diesem Zeichen greifen in ihrer Geltungssucht auch mal zu unmoralischen Mitteln. Sie neigen dazu, Kleinigkeiten aufzubauschen.

TEMPEL DES OSIRIS / KÖRPERLICHES UND GEISTIGES WOHLBEFINDEN Stress und negative Gefühle belasten nicht nur den Geist, sondern auf die Dauer auch den Körper. Das kann sich in Verspannungen, Kopfschmerzen und Magenbeschwerden äußern. Versuchen Sie sich verstärkt mit Begriffen wie Schönheit und Frieden auseinander zu setzen. Verschaffen Sie sich regelmäßige Ruhephasen mithilfe von autogenem Training, oder sorgen Sie für Entspannung durch Yoga und Tai Chi. Auch diverse, leicht zu erlernende Atemübungen können Ihnen helfen, zu einem harmonischeren, friedvolleren Innenleben zurückzufinden.

TEMPEL DER HATHOR / LIEBE UND BEZIEHUNG Eifersucht und das Unvermögen loszulassen prägt Ihre Beziehungen. Versuchen Sie, besser auf Ihren Partner oder Ihre Partnerin einzugehen, und lassen Sie seine/ihre Entwicklung zu. Nur so lässt sich Ihre Beziehung erfolgreich fortsetzen. Möglicherweise deutet dieses Plättchen auch auf ein gebrochenes Herz hin. Es könnte aber auch ein Mensch in Ihr Leben treten, der Sie ungerecht und grausam behandeln wird. Es liegt an Ihnen, dieser Person schnell die Tür zu weisen.

TEMPEL DER MAAT / BERUF Stellen Sie Ihre eigenen Bedürfnisse zurück, und versuchen Sie, einen Schritt auf Ihre Kollegen zuzugehen. Neue Pläne und berufliche Ziele lassen sich nicht durch aggressives Verhalten verwirklichen, sondern sie benötigen auch die Mithilfe anderer. Wenn Sie das Gefühl haben, dass sich Ihre Kollegen gegen Sie verbünden und hinter Ihnen tuscheln, sollten Sie auf ein klärendes Gespräch drängen. Manches Missverständnis wird sich so lösen.

»Heil dir, mein Ach!
Sieh, fortsetzend mein
irdisches Dasein,
Leb ich! Magisch gerüstet,
voll Kraft
Erschein ich vor dir!
Der Sonne gleich, im Besitz.«
(Totenbuch)

AMUN

König der Götter; der Verborgene

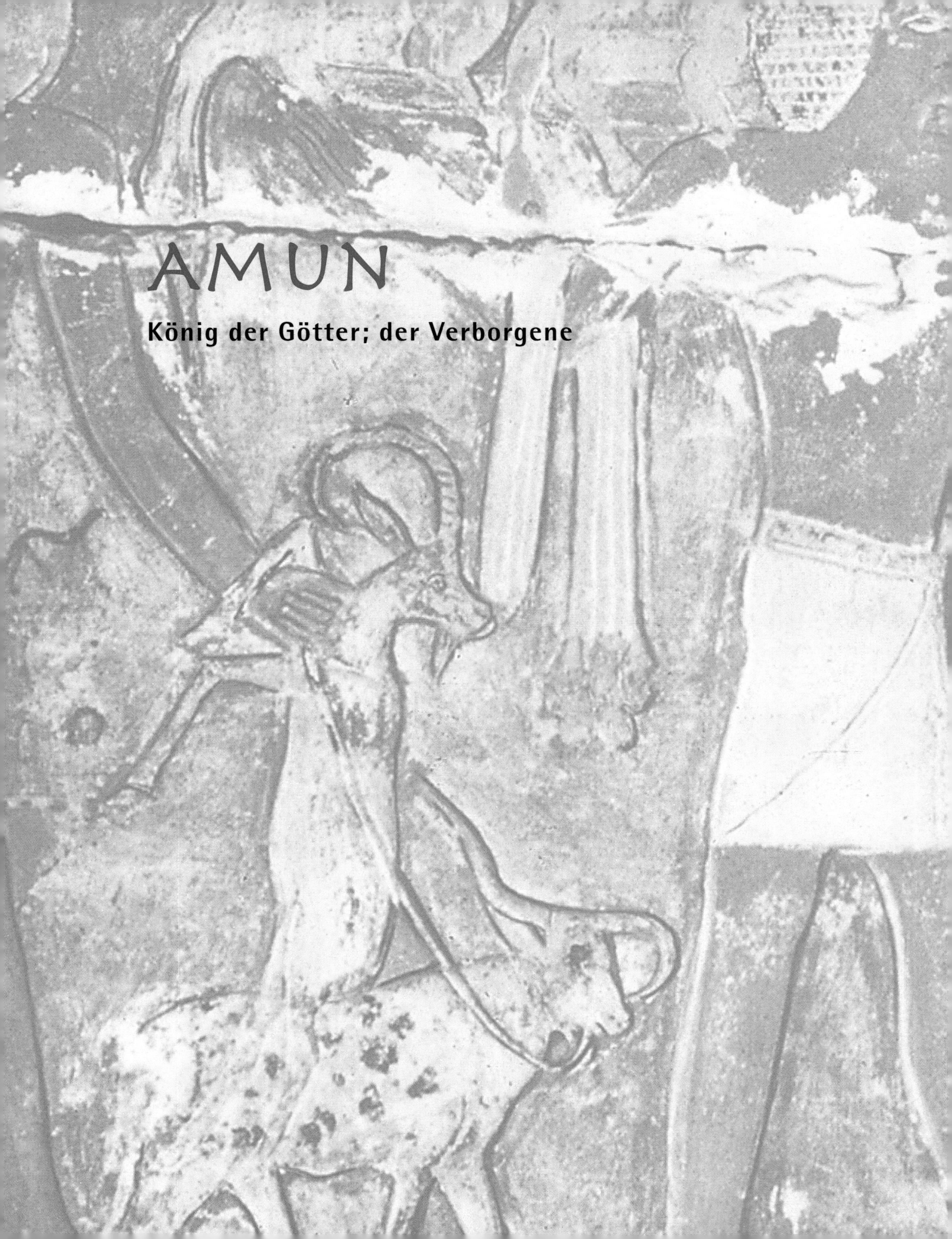

BEGRIFFE Urgott; Lebenskraft, die sich selbst erschafft; Gott des Windes, Himmels und des Lichts; Herrscher von Tag und Nacht

MYTHOS Ursprünglich war Amun der Stadtgott des oberägyptischen Thebens. Er galt als Gott des unsichtbaren, alles bewirkenden Lufthauchs und des Windes. Später verschmolz das Volk ihn mit dem Sonnengott Re und nannte ihn Amun-Re. Man erhob Amun zum Weltgott und krönte ihn mit einer Federkrone, die ihm überirdische Fähigkeiten zuwies. Dargestellt wurde Amun oft auch in menschlicher Gestalt mit Widderkopf oder als Widdergestaltiger. Mit dem Aufstieg Thebens erfuhr auch Amun erheblichen Bedeutungszuwachs: Er wurde zum höchsten Gott im Neuen Reich ernannt. Nach dem Niedergang Thebens setzte sich der Kult um ihn in Äthiopien und den Oasen (zum Beispiel Siwa) fort. Sein Einfluss nahm auch Alexander den Großen nicht aus, der als »Sohn des Amun« bezeichnet wurde. Man deutete Amun als Ursprung des Weltgeschehens. Die Priester von Heliopolis schrieben ihm Entstehung und Schöpfung der Welt zu. Mit seiner Gemahlin Mut und seinem Sohn Chons bildete er die thebanische Triade.

RICHTIG LIEGENDES HOLZPLÄTTCHEN

TEMPEL DES AMUN / CHARAKTER
Amun weist auf Freundschaft, Gleichgewicht, Gerechtigkeitssinn, Diplomatie, Weitsicht und Klugheit hin. Menschen unter diesem Zeichen werden von starker Entschlossenheit angetrieben. Sie sind in der Regel scharfsinnige Beobachter und gute Strategen. Selbst die größten Verlockungen wie Liebe, Macht und Reichtum können sie nicht von ihren Zielen abbringen. Amun steht für Moral, Autorität, Ehrgeiz und Disziplin.

TEMPEL DES OSIRIS / KÖRPERLICHES UND GEISTIGES WOHLBEFINDEN
Ehrgeiz und Disziplin, die das Leben des Amun-Charakters prägen, können negative wie positive Einflüsse auf das körperliche und geistige Wohlbefinden haben.

Gesunder Ehrgeiz beflügelt und spornt zu Höchstleistungen an. Übertriebenes Streben nach Macht und Anerkennung kann sich jedoch negativ auf die Konstitution auswirken. Nicht selten tritt das Burnout-Syndrom bei diesen Menschen auf.

TEMPEL DER HATHOR / LIEBE UND BEZIEHUNG Amun verweist auf eine begehrenswerte Person. Doch viele Menschen, die sich in diese Person verlieben, erleben zwar ein reges, aber auch ein relativ kurzfristiges Sexualleben. Amun-Menschen sind wenig bindungswillig und suchen schnelllebige sexuelle Abenteuer. Hat sich solch eine Person einmal jedoch für jemanden entschieden, so ist eine lange Partnerschaft garantiert, in der beide Partner gleichberechtigt agieren.

TEMPEL DER MAAT / BERUF Großes Denkvermögen, Gerissenheit und analytische Fähigkeiten kennzeichnen den beruflichen Werdegang des Amun-Typen. Kreativität ist seine häufig vernachlässigte Eigenschaft, die besser genutzt werden sollte. Berufliche Entscheidungen werden oft vorschnell getroffen. Vorteilhafter ist es, Ideale vorab zu formulieren und klare Standpunkte zu beziehen. Halten Sie dabei an Moral, Anstand und Güte fest. Die Gründung eines Unternehmens könnte bevorstehen. Menschen unter diesem Zeichen können Erstaunliches leisten!

UMGEDREHTES HOLZPLÄTTCHEN

TEMPEL DES AMUN / CHARAKTER Hier zeigt Amun sein schreckliches Gesicht. Voller Aggressivität, Vorurteile und Bosheit ereifert er sich über andere. Menschen unter diesem Zeichen intrigieren und beharren verbissen auf ihrer Meinung. Starr, selbstherrlich oder übertrieben misstrauisch begegnen sie der Welt. Häufig reagieren sie cholerisch, wenn man ihre Autorität missachtet.

TEMPEL DES OSIRIS / KÖRPERLICHES UND GEISTIGES WOHLBEFINDEN Aggressivität und Missgunst zerfressen Sie förmlich. Versuchen Sie mithilfe anderer zur Ruhe zu finden, denn eine innere Heimatlosigkeit treibt Sie um. Das hat zur Zeit – oder in naher Zukunft – Auswirkungen auf Ihre körperliche oder geistige Verfassung. Ein Kollaps könnte drohen. Gehen Sie behutsam mit sich um!

TEMPEL DER HATHOR / LIEBE UND BEZIEHUNG Ein Mensch in Ihrer Nähe tritt Ihre Gefühle mit Füßen. Zu tiefer gehenden Emotionen ist er nicht fähig. Er lässt nur gelten, an was er selbst glaubt. Lösen Sie diese Verbindung, und lassen Sie sich dabei von Freunden oder Verwandten unterstützen. Haben Sie keine Angst. Sie werden Ihr Glück in einer kreativeren Beziehung finden.

TEMPEL DER MAAT / BERUF Das Plättchen weist darauf hin, dass Pläne bald im Sand verlaufen. Auch rechtliche Schwierigkeiten könnten auftreten. Entwickeln Sie wieder ein Gefühl für Ihre eigenen Fähigkeiten und Ihre Kraft, Pläne erfolgreich umzusetzen. Lassen Sie sich nicht zum Sklaven Ihrer Kollegen machen.

ANUBIS

Gott mit dem Schakalkopf

BEGRIFFE Wächter der Geheimnisse; Totenrichter; Beschützer; Hüter

MYTHOS Anubis ist der ägyptische Totengott und Schutzgott der Nekropolen (Friedhöfe), musste später aber seine Rolle an Osiris abtreten. Darstellungen zeigen Anubis mit Menschenkörper und Schakalkopf oder als Hund. Anubis tritt auch als Wächter der Gräber auf und trägt deshalb den Beinamen »Der vor der Gotteshalle«. Der Gott Anubis begleitete die Toten in die Unterwelt. Er behütete, umsorgte und verklärte sie. Er überwachte den Ablauf der Balsamierung. Mit der Mundöffnung der Mumie bewirkte er die rituelle Wiederbelebung des Verstorbenen. Beim Totengericht führte Anubis den Verstorbenen vor die Waage, auf der dessen Herz gewogen wurde. Verurteilte man den Toten, so verschlang ein Ungeheuer sein Herz. An Anubis richtete sich der Verstorbene mit der Bitte um ewiges Leben. Zusammen mit der Kuhgöttin Hesat, seiner Mutter, und dem Stiergott Mnevis bildete Anubis eine Götterfamilie. In späterer Zeit betrachtete man ihn als Sohn des Totengottes Osiris. Anubis wurde in zahlreichen Tempeln und Kapellen (Kynopolis) verehrt, an deren Türen er oft als großer, schwarzer Hund dargestellt wurde.

RICHTIG LIEGENDES HOLZPLÄTTCHEN

TEMPEL DES AMUN / CHARAKTER Humorvoll und mit Sinn für Spaß begegnet uns der Mensch, der das Plättchen des Anubis gewählt hat. Dabei ist er keineswegs oberflächlich, sondern er erweist sich als äußerst tiefsinniger und sensibler Beobachter seiner Umwelt. Entsprechend seinem Symbol ist er bereit, sich immer wieder auf neue Zyklen einzulassen, Neues in Angriff zu nehmen und Altes befriedigend abzuschließen.

TEMPEL DES OSIRIS / KÖRPERLICHES UND GEISTIGES WOHLBEFINDEN Anubis prophezeit im Allgemeinen Heilung. Wenn Sie sich in medizinische Behandlung begeben haben, könnte dieses Plättchen für deren erfolgreichen Abschluss stehen.

TEMPEL DER HATHOR / LIEBE UND BEZIEHUNG Die meisten Beziehung folgen einem Zyklus, der durch Anfang und Ende markiert ist, auch wenn das Ende nicht offiziell ausgesprochen wird. Das liegt daran, dass sich unsere Gefühle und unser Denken mit der Zeit und den Umständen ändern. Eventuell stehen Sie gerade vor dem Ende einer Beziehung. Das mag zwar zunächst traurig sein, doch birgt das Ende auch einen Neuanfang mit vielen Überraschungen, schönen Erlebnissen und der Sicherheit, dass das Leben weitergeht. Vertrauen in andere wird Ihnen helfen, mit Ihrer momentanen Trauer besser fertig zu werden. Schämen Sie sich nicht, Ihren Gefühlen freien Lauf zu lassen. Weinen Sie aus vollem Herzen und versuchen Sie, Ihre Gefühle auszudrücken. Die Erfahrung der Trauer ist unerlässlich, um einen neuen Lebensabschnitt zu beginnen. Anubis mahnt uns darüber hinaus, Respekt und Verständnis für nahe stehende Menschen und ihre Sorgen zu wahren. Erst dann sind wir zu einem stillen und befriedigten Lieben fähig.

TEMPEL DER MAAT / BERUF Möglicherweise werden Menschen unter diesem Zeichen bald einen bedeutenden Schritt in ihrem Berufsleben wagen. Die Sterne stehen gut, denn Anubis steht für Erneuerung und Veränderung zum Guten.

UMGEDREHTES HOLZPLÄTTCHEN

TEMPEL DES AMUN / CHARAKTER Der auf dem Kopf stehende Anubis verweist auf Sturheit und die Unfähigkeit, sich auf neue Situationen einzulassen. Menschen unter diesem Zeichen haben oft auch den Wunsch, alles zu kontrollieren, denn sie fürchten Veränderungen.

TEMPEL DES OSIRIS / KÖRPERLICHES UND GEISTIGES WOHLBEFINDEN Anubis weist mit diesem Plättchen auch auf eine bestimmte Form der Todesangst hin. Unbewusst steuert diese Furcht vor dem Tod unser Tun. Das kann sich beispielsweise in steter Besorgnis um die eigene Gesundheit, in suchtähnlichen oder hedonistischen Verhaltensweisen äußern.

TEMPEL DER HATHOR / LIEBE UND BEZIEHUNG Möglicherweise trauern Sie gerade um einen geliebten Menschen, der Sie verlassen hat, und haben noch nicht erfasst, dass jedem Schmerz ein Neuanfang folgen wird. Mit diesem Plättchen kann Anubis das Ende einer Partnerschaft anzeigen. Akzeptieren Sie diesen Schlussstrich. Er war notwendig und wird Ihnen letztendlich zu Gute kommen. Die Zeiten haben sich unwiederbringlich geändert. Lassen Sie los, sonst werden sich Stillstand und Depressionen einstellen.

TEMPEL DER MAAT / BERUF Eine konfliktträchtige Situation belastet Ihren Arbeitsalltag, doch sind Sie unfähig, eine Entscheidung herbeizuführen. Ihre Angst vor negativen Veränderungen ist zu groß. Vergegenwärtigen Sie sich, dass auch das Verharren in einer unangenehmen Lage Energien kostet und Sie letztendlich nicht weiterbringt. Es liegt an Ihnen, aus dieser Situation das Beste zu machen. Indem Sie die Herausforderung annehmen, bahnen Sie sich einen Erfolg versprechenden Weg.

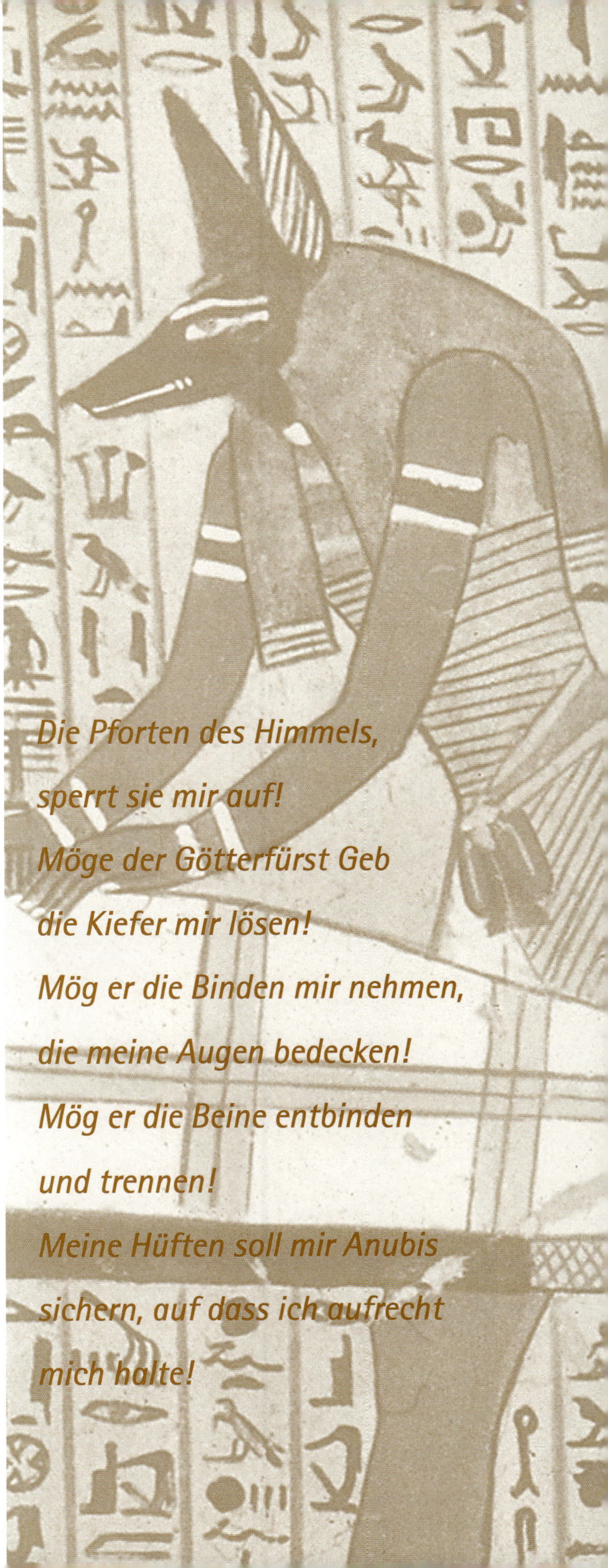

Die Pforten des Himmels,
sperrt sie mir auf!
Möge der Götterfürst Geb
die Kiefer mir lösen!
Mög er die Binden mir nehmen,
die meine Augen bedecken!
Mög er die Beine entbinden
und trennen!
Meine Hüften soll mir Anubis
sichern, auf dass ich aufrecht
mich halte!

APIS

Königs-, Fruchtbarkeits- oder Totengott

BEGRIFFE Zeugungskraft; Fruchtbarkeit; Urkraft; Stolz; Überlegenheit

MYTHOS Der Apis-Stier wurde aufgrund einer besonderen Stirnblesse sowie außergewöhnlicher Fellzeichnungen aus einer Herde von Tieren auserwählt. Er galt in seiner göttlichen Funktion als Fruchtbarkeits- und Königsgott. In Memphis, dessen Schutzgott Ptah war, verehrte man den Apis-Stier. Später entstand aus dem geistigen Zusammenschluss von Apis und Osiris ein ägyptisch-griechischer Gott mit dem Namen Serapis, der den Rang eines Totengottes erhielt. Mit Ptah verehrte man dessen »herrliche Seele«. Von Re (Gott der Sonne) erhielt Apis die Sonnenscheibe, die zwischen seinem Gehörn prangt. Davor richtete sich eine Kobra auf. Aus der Verehrung Apis als Totengott ergab sich die große Bedeutung, die man dem Tod eines Stieres beimaß. Ebenso wie die Lieblingsgeschöpfe der Ägypter wurden auch Apis-Stiere als geheiligte Tiere mumifiziert beigesetzt. Zeugnis davon gaben die aufwändigen Grabstätten mit den übergroßen Steinsärgen des Serapeum von Saqqara. Ähnlich wie die Mumifizierung der Menschen war auch die Einbalsamierung der Tiere mit einem Ritual verbunden. Den Mumien wurden Amulette und andere Schmuckstücke beigelegt. Nach der Beisetzung suchte man ein göttliches Kalb mit gleichen Merkmalen. Es wurde zum neuen Gott ernannt.

RICHTIG LIEGENDES HOLZPLÄTTCHEN

TEMPEL DES AMUN / CHARAKTER
Apis steht als Sinnbild für Leidenschaft, Motivation, Temperament und Vitalität. Apis-Menschen vermitteln ihrer Umwelt das Gefühl von Sicherheit, Beständigkeit und Zuverlässigkeit, ihnen übertragene Macht nutzen sie zum Vorteil aller.

TEMPEL DES OSIRIS / KÖRPERLICHES UND GEISTIGES WOHLBEFINDEN
Menschen, die dieses Zeichen gewählt haben, sind körperlich und geistig ausgesprochen stabil. Um ihre Konstitution zu erhalten, sollten sie auf regelmäßige Bewegung achten.

TEMPEL DER HATHOR / LIEBE UND BEZIEHUNG Die Beziehung zu einem Apis-Menschen steht normalerweise unter einem guten Vorzeichen, denn sie erfüllt wichtige Merkmale einer auf Dauer funktionierenden Partnerschaft: Zuverlässigkeit, Beständigkeit, Temperament, Leidenschaft und Vitalität des Stiers sorgen für Abwechslung und lassen keinerlei Langeweile aufkommen. Auch wenn Ihnen diese Partnerschaft momentan als sicher erscheint, sollten Sie achtsam sein und immer wieder aufs Neue ihren Erhalt fördern.

TEMPEL DER MAAT / BERUF Menschen des Symbols Stier sind gewissermaßen dafür prädestiniert, eine leitende Position zu bekleiden. Mit viel Geschick und Einfühlungsvermögen führen sie Mitarbeiter und lösen Konflikte auf für alle Seiten befriedigende Weise. Sollten Sie momentan mit einer problematischen Situation konfrontiert sein, vertrauen Sie auf Ihre ureigensten Fähigkeiten. Sie werden das Problem in den Griff bekommen.

UMGEDREHTES HOLZPLÄTTCHEN

TEMPEL DES AMUN / CHARAKTER Wenn ein Bulle durchdreht, kann er gefährlich werden. Dem kraftstrotzenden Tier geht es nur um Sieg und Macht. In seinem Zorn wird es blind für die Belange anderer. Unter diesem Zeichen findet man viele Menschen, die unter großen Minderwertigkeitskomplexen leiden und diese durch aggressives Verhalten zu kompensieren suchen. Wichtig ist es, den Gründen auf die Spur zu kommen.

TEMPEL DES OSIRIS / KÖRPERLICHES UND GEISTIGES WOHLBEFINDEN Menschen unter diesem Zeichen sollten sensibler auf andere eingehen. Sie scheinen zu verdrängen, was Sie innerlich bewegt. Auf Dauer wird dieses Verhalten Ihren Körper krank machen. Möglicherweise äußern sich bereits die ersten physischen Symptome. Behandeln Sie Ihren Körper mit mehr Liebe und Respekt. Gehen Sie in sich. Genießen Sie Ihren Körper, verlangen Sie für die nächsten Tage nichts vom Leben außer Ihrer Gesundheit. Bewegen Sie sich! Spüren Sie dabei Ihre Muskeln, und fühlen Sie, wie Sie von innen heraus Kraft aufbauen. Nehmen Sie wahr, wie Ihr Atem Ihre Zellen nährt.

TEMPEL DER HATHOR / LIEBE UND BEZIEHUNG Zu schnell reagieren Sie gereizt auf Provokationen Ihres Partners. In Ihrer Wut schlagen Sie blindlings um sich. Auch Bescheidenheit ist derzeit ein Fremdwort für Sie. Dabei verbirgt sich hinter dieser Eigenschaft der Schlüssel zum Glück. In punkto Liebesleben sollten Sie sich einmal mit tantrischen Praktiken befassen. Darin vereinigen sich Spiritualität und Sexualität.

TEMPEL DER MAAT / BERUF Versuchen Sie nicht, mit Brachialgewalt Ihre Ideen und Vorstellungen durchzusetzen. Manche Umstellung benötigt Zeit, die Sie sich und Ihren Kollegen/Mitarbeitern unbedingt zugestehen sollten. Apis deutet auch an, dass es für Sie vorteilhaft wäre, sich mehr in Großzügigkeit zu üben.

Ich komme, dich zu beschützen!
Kräftiger mach ich auf deinen
Schultern dein Haupt
Und Stärke verleih ich
den Gliedern.
Deine Feinde bezwing ich; sieh,
sie liegen zu deinen Füßen!

ATON

Sonnengott

BEGRIFFE Liebe; Leben; Gunst; Glück; Zuwendung; Schöpfergott

MYTHOS Aton wird als Sonnenscheibe dargestellt, deren lange Strahlen in Händen enden. Aton galt als Licht des Tages, das der gesamten Natur Leben spendete. Die Sonnenscheibe, die »Leben« spendete, verbanden die Ägypter mit der Person des Pharao. Die Eigenschaft des Königs verschmolz mit der energiespendenden Kraft der Sonne. Den Pharao ernannte man zum Sohn des Aton und seine Blutsverwandten bildeten die göttliche Familie. Darunter befanden sich Echnaton mit Nofretete und ihren Töchtern, die dem Aton viele Opfer darbrachten. So gewährleisteten sie sein tägliches Erscheinen.

Der Ketzerkönig Amenophis IV., der sich Echnaton (»wohlgefällig dem ATON«) nannte, schuf mit der Anbetung der Sonnenscheibe eine eigene Religion und wurde so zum Begründer eines solaren Monotheismus. Den Mittelpunkt dieser Religion bildete Armana. Die bisherigen 1000-jährigen Kulte und Tempel, die Amun geweiht waren, wurden zum Leidwesen der Priester vernichtet oder von den Anhängern Echnatons zerstört. Ab diesem Zeitpunkt verbannte man auch alles Tierhafte aus der Kunst. Nach Echnaton verfemte das Volk den Kult in Armana, doch galt die Ablehnung nicht dem Gott, sondern primär seinem irdischen Vertreter.

RICHTIG LIEGENDES HOLZPLÄTTCHEN

TEMPEL DES AMUN / CHARAKTER Bei Aton handelt es sich um eine ganz besondere Persönlichkeit. Jugendliche Kraft und Mut können diese Menschen zu Schöpfern großer Dinge machen. Aton symbolisiert aber auch die Unbefangenheit, mit der sich junge Menschen in die Abenteuer des Lebens stürzen. Er ist ein Suchender, der auf seinem Weg viele schlechte und gute Erfahrungen sammeln wird. Letztendlich aber wird ihn dieses Wissen zu höchsten Leistungen beflügeln. Oft heben sich diese Menschen aus der Masse heraus. Sie besitzen den Mut für neue Lebensstrategien oder einen ungewöhnlichen Lebensstil.

TEMPEL DES OSIRIS / KÖRPERLICHES UND GEISTIGES WOHLBEFINDEN Kraft und Lebensfreude spenden Aton-Typen physische wie psychische Gesundheit. Doch sollten sie sich nicht durch andere Menschen oder deren Lebenssituationen beschränken lassen, denn das könnte schleichende depressive Erkrankungen zur Folge haben. Fragen Sie sich immer wieder: »Geht es mir mit dieser Situation gut, wie fühle ich mich dabei?«

TEMPEL DER HATHOR / LIEBE UND BEZIEHUNG Mit viel Elan gehen Aton-Menschen in eine Beziehung, und dabei gelingt es ihnen auch, ihre Partner zu emotionalen Höchstleistungen zu motivieren. Allerdings laufen sie Gefahr, von ihren Partnern förmlich ausgesaugt zu werden. Achten Sie darauf, dass man Ihre Kräfte nicht überbeansprucht und zuletzt Sie es sind, der entkräftet am Boden liegt. Menschen unter diesem Zeichen besitzen große sinnliche Fähigkeiten. Findet man sie als Liebhaber oder Liebhaberin, so kann man sich glücklich schätzen.

TEMPEL DER MAAT / BERUF Lassen Sie sich auf Ihrem beruflichen Werdegang nicht von Denkmustern oder Glaubensrichtungen anderer beeinflussen. Die Gelegenheit ist günstig, um eine wichtige Entscheidung zu treffen. Bieten sich ein Arbeitswechsel oder eine Beförderung, so nehmen Sie die Herausforderung an!

Umgedrehtes Holzplättchen

TEMPEL DES AMUN / CHARAKTER Von Egoismus, Leichtgläubigkeit und Naivität spricht das umgedrehte Holzplättchen. Das kann sich auf Ihre Umgebung, aber auch auf Ihre eigene Person beziehen. Möglicherweise haben Sie eine unbedachte Entscheidung getroffen. Sie hören nicht auf sich selbst, sondern auf schlechte Ratgeber.

TEMPEL DES OSIRIS / KÖRPERLICHES UND GEISTIGES WOHLBEFINDEN Ein tiefer Schmerz, der Ihnen vielleicht schon in der Kindheit zugefügt wurde, belastet Sie noch heute. Er nimmt Ihnen körperliche, aber auch geistige Kräfte. Vielleicht können Sie mithilfe eines Therapeuten die Auslöser Ihres Schmerzes ergründen, dann werden Sie zu neuer Vitaliät finden.

TEMPEL DER HATHOR / LIEBE UND BEZIEHUNG Das Plättchen weist auf Selbstsucht und Zynismus hin; Eigenschaften, die Sie auf Dauer isolieren und zu keiner festen Bindung befähigen. Verbergen Sie sich nicht hinter einer Maske aus Witzeleien oder schnoddrigen Bemerkungen. Überprüfen Sie Ihr Verhalten, und nehmen Sie nicht jede Bemerkung bitterernst. Lernen Sie wieder, über sich selbst zu lachen!

TEMPEL DER MAAT / BERUF Ängste und äußere Einflüsse haben Sie in eine unangenehme Situation verstrickt. Dieser können persönliche Probleme mit Ihren Kollegen und Chefs zugrunde liegen, aber auch fachliche Fehlleistungen. Rekapitulieren Sie die Vorgehensweisen der vergangenen Wochen, und suchen Sie nach den Gründen für Ihre verzwickte Lage.

Aton erfreut sich an der Gestalt
seines Sohnes,
er umarmt ihn mit seinen
Strahlen
und gibt ihm ewigen Bestand,
ihm, dem königlichen Abbild
der Sonnenscheibe.

BES

Schutzdämon

BEGRIFFE Furchtlosigkeit, Tapferkeit, Klugheit und Kraft, Schutzgeist von Mutter und Kind

MYTHOS Bei Bes handelt es sich um einen jahrtausendealten Gott, der in Zwergengestalt auftrat und mit seinem dämonischem Äußeren die Menschen vor den Einflüssen unheilbringender Geister bewahren sollte. Oft ist er mit Pantherfell bekleidet und streckt provokativ die Zunge heraus. Seinen Kopf schmückt eine Federkrone oder eine Löwenmähne. Bes wehrte vielerlei Gefahren ab und schützte vor Unheil und Krankheit, vor Schlangen und Krokodilen. Seine Gefährtin war die ebenfalls zwerggestaltige Beset.

Auch während der griechisch-römischen Zeit war Bes im Nilland eine beliebte Volksgottheit. Er tötete seine Feinde mit Waffengewalt oder bloßen Händen, stand jedoch auch Gebärenden und Kleinkindern schützend zur Seite. Er half den Menschen gegen wilde Tiere, Unholde, böse Geister oder Grabräuber. Wegen seiner Beziehung zur Göttin Hathor galt Bes auch als Gott des Tanzes und der Musik.

RICHTIG LIEGENDES HOLZPLÄTTCHEN

TEMPEL DES AMUN / CHARAKTER

Ein Gefühl der Unbesiegbarkeit zeichnet Menschen vom Typ Bes aus; sie tänzeln förmlich durchs Leben. Dies liegt an ihrem schier unerschütterlichen Selbstvertrauen, das ihnen die Sicherheit gibt, alles im Leben schaffen und erreichen zu können. Bes-Typen werden häufig als arrogant und selbstverliebt beurteilt. Doch der Schein trügt. Wer Menschen dieses Charakters kennen lernt, kann von ihrer positiven Lebenseinstellung und von ihren intuitiven Fähigkeiten profitieren.

TEMPEL DES OSIRIS / KÖRPERLICHES UND GEISTIGES WOHLBEFINDEN

Dieses Plättchen weist uns auf unsere Urkräfte hin, die wir beständig bändigen müssen. Nicht selten wird dabei der Körper überfordert. Gehen Sie fortan behutsamer mit Ihren Kräften um, und gönnen Sie sich ab und zu Entspannungspausen. Damit tun Sie nicht nur Ihrem Körper Gutes, sondern auch Ihrer Seele.

TEMPEL DER HATHOR / LIEBE UND BEZIEHUNG Bes kann ein Hinweis auf eine Veränderung in Familie, Ehe oder Partnerschaft sein. Sorgen Sie sich nicht! Die Veränderung ist durchaus positiven Charakters. Möglicherweise hat sich Langeweile und Eintönigkeit eingeschlichen, die nun von neuen Aktivitäten und einem Aufleben der Gefühle verdrängt werden. Bes könnte aber auch darauf hindeuten, dass Sie einer anderen Beziehung Ihren Segen erteilen sollten. Seien Sie schützend, liebend und achtsam. Denn ohne diesen Teil der »Mutter« in uns werden wir nicht glücklich sein.

TEMPEL DER MAAT / BERUF Sie besitzen die intellektuellen Gaben, um Eigenschaften wie Zorn und Hochmut in Kreativität umzusetzen. Scheuen Sie sich nicht, diese Fähigkeit auch im Beruf zu nutzen – neue Perspektiven werden sich so eröffnen. Menschen unter diesem Zeichen benötigen einen friedlichen Platz, an den sie sich zurückziehen können. Mit Geduld und Gelassenheit kommen Sie an Ihr Ziel.

UMGEDREHTES HOLZPLÄTTCHEN

TEMPEL DES AMUN / CHARAKTER Das Plättchen weist auf einen kindischen, egozentrischen Menschen hin, der keinen Bedarf sieht, sich weiterzuentwickeln, und keine Achtung vor den Gefühlen anderer zeigt. Zynismus, Stumpfheit und Stagnation sind die Folgen. Bitterkeit und Ärger haben bei Ihnen Einzug gehalten. Lernen Sie wieder, aus freien Stücken zu teilen, abzugeben und auch Arbeiten zu delegieren. Begreifen Sie, dass auch Veränderungen zum Leben gehören und diesem Geschmack verleihen.

TEMPEL DES OSIRIS / KÖRPERLICHES UND GEISTIGES WOHLBEFINDEN Sorgen und Ängste belasten Ihre Seele, das wird nicht ohne Folgen für den Körper sein. Lösen Sie sich von inneren Gedanken wie »Das kann ich sowieso nicht« oder »Ich kann mein Leben nicht ändern«. Nur durch positive Affirmationen wird es Ihnen gelingen, Ihr Leben und Ihre Gesundheit wieder in den Griff zu bekommen.

TEMPEL DER HATHOR / LIEBE UND BEZIEHUNG Verlustangst bestimmt Ihr Leben und verwirrt Ihre Sinne. Vielleicht gehen Sie sogar fremd, weil Sie fälschlicherweise annehmen, Ihren Geliebten oder Partner dadurch halten zu können. Trennungen und Abschiede lassen sich jedoch nicht immer vermeiden. Erst wenn Sie Ihr Leben selbst in die Hand nehmen, werden Sie wahre Sicherheit und Geborgenheit erfahren – und zwar bei sich selbst. So schaffen Sie die Basis für eine intakte Beziehung.

TEMPEL DER MAAT / BERUF Die Angst vor dem Risiko sitzt tief. Konfliktscheu weichen Sie vor neuen Schritten zurück. Lassen Sie alte Gewohnheiten und starre Denkmuster hinter sich. Ihre Sicherheit ist sonst nichts anderes als eine Illusion, die wie eine Seifenblase zerplatzen könnte. Lernen Sie, Rücksicht zu nehmen, und lassen Sie in Besprechungen oder bei Beförderungen auch andere zum Zuge kommen, dann werden Sie mit sich selbst zufriedener sein.

CHEPRI

Geflügelter Skarabäus

BEGRIFFE Schöpfung; Auferstehung; Erneuerung

MYTHOS Der geflügelte Skarabäus symbolisiert die Morgensonne. Nach Ansicht der alten Ägypter geht die Sonne genauso wie der Käfer aus der Erde hervor. Er wandelt seine Gestalt und gehört gleichzeitig Erde und Luftraum an. Der Sonne wesensverwandt, hilft der Skarabäus ihr, wenn sie morgens aufgeht. Wie eine Mistkugel rollt er sie dann vor sich her und ahmt ihren Lauf nach. Der heilige Mistkäfer galt den Ägyptern als ein Wesen, das aus sich selbst heraus entstand; denn man hatte beobachtet, dass die jungen Käfer aus der Dungkugel hervorkamen.

Der Skarabäus symbolisiert die Urzeugung oder Schöpfung. Er steht für das Aus-sich-selbst-heraus-Erschaffende. »Ich bin alles, schaffe alles und vernichte alles.« Die Sonne bildet die Grundlage der Schöpfung. Sie ist unser wichtigster Energiespender, der Pflanzen, Tiere und Menschen nährt. Bei ihr suchten die Menschen Worte der Erleuchtung. Spürt sie! Blickt sie an! Denn sie ist das Licht!

RICHTIG LIEGENDES HOLZPLÄTTCHEN

TEMPEL DES AMUN / CHARAKTER

Vor dem Licht der Sonne weichen die Schatten. Menschen unter diesem Zeichen besitzen große Fähigkeiten, anderen die Last von Sorge und Kummers zu nehmen und ihnen den Glauben an sich selbst zurückzugeben. Mittels ihres ausgeprägten Intellekts und ihres großen Einfühlungsvermögens können sie enormes Wissen erlangen. Es drängt sie förmlich nach Erkenntnis.

TEMPEL DES OSIRIS / KÖRPERLICHES UND GEISTIGES WOHLBEFINDEN

Möglicherweise benötigen Sie derzeit die Energie anderer Menschen, um zu körperlichem und geistigem Wohlbefinden zu gelangen. Wärmen Sie sich am Licht anderer, damit Sie die notwendige Zuversicht gewinnen. Manchmal ist es besser, mit seinen Kräften zu haushalten. Setzen Sie Ihre Energie gezielt ein. Vielleicht befindet sich in Ihrer Nähe ein Mensch, der Ihre Zuwendung braucht.

TEMPEL DER HATHOR / LIEBE UND BEZIEHUNG Eine Phase der Klarheit bricht an. Ein guter Zeitpunkt, um die Zukunft zu planen. Das Plättchen deutet auch an, dass Sie geduldig auf die Zuneigung des von Ihnen begehrten Menschen warten sollten. Sie werden belohnt!

TEMPEL DER MAAT / BERUF Menschen, die dieses Zeichen gewählt haben, lernen, sich zu vertrauen und anzunehmen, wodurch sich neue berufliche Perspektiven eröffnen. Die Sonne leuchtet ihnen und weist die Richtung. Das Plättchen deutet darauf hin, dass nun der richtige Zeitpunkt angebrochen ist, um alle Kräfte voll einzusetzen. Listen Sie vor einem wichtigen Termin Ihre guten Eigenschaften auf, und machen Sie sich Ihre Talente bewusst! Das wird Ihnen vermehrt Energie geben. Wenn Sie Ihre Kräfte gezielt lenken, werden Sie Ihr Ziel erreichen. Sobald Ihre Vision klar ist, wird Ihnen die notwendige Kraft zur Verfügung stehen. Loben Sie sich selbst für eine gut gelungene Arbeit.

UMGEDREHTES HOLZPLÄTTCHEN

TEMPEL DES AMUN / CHARAKTER Die Sonne spendet nicht nur Leben, ihre sengende Hitze kann es auch vernichten. Das umgedrehte Holzplättchen zeigt die Bereitschaft zur Selbstzerstörung an. Selbstkritik und überzogener Perfektionismus lassen Menschen dieses Zeichens an sich selbst zweifeln und autoaggressives Verhalten zutage treten. Es ist Zeit, dass Sie sich wieder auf Ihre positiven Fähigkeiten konzentrieren und sich bewusst machen, was in Ihnen steckt.

TEMPEL DES OSIRIS / KÖRPERLICHES UND GEISTIGES WOHLBEFINDEN Sie durchleben möglicherweise eine ausgesprochen unruhige Zeit. Körper und Seele sind gequält. Nachts plagen Sie Alpträume? Durch Erkenntnis Ihrer Werte und Steigerung Ihres Selbstbewusstseins befreien Sie sich von den Gestalten, die im Dunkeln lauern. Gönnen Sie sich etwas Gutes. Gehen Sie raus, bewegen Sie sich. Das bringt Sie auf neue Gedanken.

TEMPEL DER HATHOR / LIEBE UND BEZIEHUNG Die ewige Suche nach Anerkennung hat Sie müde und ängstlich gemacht. Erkennen Sie, dass nicht andere, sondern Sie selbst Ihr Leben bestimmen. Sie bilden den fruchtbaren Boden Ihres Seins. Versuchen Sie in der Gegenwart zu leben. Klammern Sie nicht zu sehr an vergangene Beziehungen.

TEMPEL DER MAAT / BERUF Kleinlichkeit und Perfektionismus bremsen Ihre Kräfte. Sie wandeln derzeit vielleicht in gefährlichen Höhen. Tief in Ihrem Innern fühlen Sie sich klein und unbedeutend. Manchen Menschen unter diesem Zeichen steht auch ihre Schüchternheit im Weg. Ordnen Sie sich in Ihrem Fatalismus nicht zu sehr anderen Autoritäten unter. Werden Sie aber auch nicht zum trotzigen Rebell, der nach dem Motto handelt: »Ich alleine gegen die Welt.« Dadurch grenzen Sie sich aus und schränken sich gleichzeitig ein. Lernen Sie zu beobachten, ohne voreilige Schlüsse zu ziehen. Viele Dinge brauchen etwas Zeit, um heranzureifen.

Ich sah die mannigfachen
Formen des Göttlichen
auf seinen verborgenen
Wegen im Himmel.
Das göttliche Licht
erleuchte mich.
Durchdrungen ward ich von
all seinen Strahlen
und gesättigt in der
Weisheit Gottes.

DJED

Wirbelsäule des Osiris

BEGRIFFE Dauer; Stabilität; Festigkeit; das Sein

MYTHOS Das Symbol in Form eines mehrfach gekerbten Pfahles spielte ursprünglich bei ländlichen Fruchtbarkeitsriten eine Rolle. Es stellt möglicherweise Getreideähren dar, die um einen Pfahl gebunden sind. Dieses Symbol betrachtete man später auch als die Wirbelsäule des Osiris, was der Weltachse entspricht. Der Djed-Pfeiler des Osiris, mit Kopf und Armen sowie seine vier Wirbel, ist das Symbol der Lebensflüssigkeit. Es wird auch »Schlange des Feuers« genannt, die sich in der Wirbelsäule befindet. Diese Flüssigkeit, den »Atem des Lebens«, überträgt der Priester. Er legt seine Hände auf den Nacken des Verstorbenen, den er »mit der Wärme der Isis erwärmt und umhüllt«.

RICHTIG LIEGENDES HOLZPLÄTTCHEN

TEMPEL DES AMUN / CHARAKTER Großes Sicherheitsstreben kennzeichnet Menschen unter diesem Symbol. Sie verwenden viel Zeit, um ihre materiellen Ziele umzusetzen. Innere Stärke, ein gesunder Menschenverstand und Zähigkeit treiben sie voran. Unter dem Djed findet man selten Ehrgeizlinge, Abenteurer oder Helden. Vielmehr schätzen diese Menschen die Bequemlichkeiten des Lebens. Wegen ihrer Zuverlässigkeit und ihres sanften Wesens sind sie meist sehr geachtet.

TEMPEL DES OSIRIS / KÖRPERLICHES UND GEISTIGES WOHLBEFINDEN Die materielle Absicherung steht im Vordergrund des Strebens von Djed-Menschen. Daneben sollten Sie aber auch Ihrem Körper Beachtung schenken. Gönnen Sie sich mehr Zeit zur Entspannung, pflegen und umsorgen Sie sich selbst. Der Drang, sich finanziell abzusichern, kann Lebensfreude und damit geistige wie körperliche Gesundheit kosten.

TEMPEL DER HATHOR / LIEBE UND BEZIEHUNG Bindungen gehen Djed-Typen in der Regel nur mit Vorsicht ein. Wenn Sie sich aber für eine Person entschieden haben, wird die Bindung von

Ihrer Seite aus dauerhaft und beständig sein. Emotionale Erfüllung erwartet Sie. Möglicherweise weist das Holzplättchen darauf hin, dass bald ein Mensch im Zeichen des »Djed« Ihren Weg kreuzen wird. Er wird nicht besonders redselig sein, doch seine Taten werden für sich sprechen.

TEMPEL DER MAAT / BERUF In ihrer Bescheidenheit ist Menschen unter diesem Zeichen manchmal keine Arbeit zu niedrig. Auch können sie sich mit einfachsten Lebensformen abfinden, hart und lange arbeiten. Zu Recht sind sie stolz auf das, was sie tun. Was sie erreichen, beruht auf ihren realistischen Einschätzungen, auf Fleiß und Sorgfalt. Das Plättchen ermutigt, an Idealen festzuhalten. Auf diese Weise werden Sie auch Ihre beruflichen Wünsche verwirklichen.

Es könnte sich ein baldiger Neuanfang ankündigen. Berufliche oder finanzielle Fragen müssen geklärt werden. Bevor Sie größere Projekte entwickeln, gehen Sie in sich. Hören Sie auf Ihre innere Stimme. Falls Sie gerade ein spontanes Interesse für etwas Neues gepackt hat, sollten Sie diese Neigungen pflegen und weiterentwickeln. Daraus könnten ungeahnt große Dinge entstehen.

UMGEDREHTES HOLZPLÄTTCHEN

TEMPEL DES AMUN / CHARAKTER
Menschen unter diesem Zeichen messen den finanziellen Werten meist zu viel Bedeutung bei. Das bringt ihnen den Vorwurf der Gier und Oberflächlichkeit ein. Ihre Strebsamkeit kann in grenzenlosen Ehrgeiz ausarten, der anderen und letztendlich ihnen selbst schadet. Möglicherweise haben Sie das gesunde Maß verloren, mit dem Sie normalerweise die Dinge beurteilen. Das Plättchen kann aber auch bedeuten, dass sich Menschen mit dieser unangenehmen Eigenschaft in Ihrem Umfeld bewegen.

TEMPEL DES OSIRIS / KÖRPERLICHES UND GEISTIGES WOHLBEFINDEN Die Gier hat in Ihrem Leben überhand genommen und lässt Sie nicht zur Ruhe kommen.

Achten Sie auf Ihre Gesundheit. Magen- und Darmprobleme könnten auf die übertrieben starke finanzielle Fixierung hinweisen.

TEMPEL DER HATHOR / LIEBE UND BEZIEHUNG Verhalten Sie sich Ihrer Umwelt gegenüber geduldiger und toleranter. Öffnen Sie Ihr Herz mehr für andere. Und erlauben Sie Ihren Freunden, so zu sein, wie sie sind. In der Liebe neigen Sie dazu, Besitz zu ergreifen. Lernen Sie loszulassen, und Sie werden erfahren, dass Ihr Partner auch ohne Druck zu Ihnen zurückfindet.

TEMPEL DER MAAT / BERUF Es könnte sein, dass eine berufliche Entscheidung ansteht, die zu Ihren Ungunsten ausfallen wird. Geduld und Fürsorge sind erforderlich, damit Ihr Potenzial voll genutzt werden kann. Überbeanspruchen Sie sich dabei aber nicht. Denken Sie noch einmal genau über Ihre Antriebskräfte nach. Sind sie moralisch vertretbar? Nach eingehender Prüfung wird Ihnen vieles klar werden.

HATHOR

Göttin des Himmels, der Liebe, des Tanzes und der Musik, aber auch Totengöttin

BEGRIFFE Weiblichkeit; Mütterlichkeit; Leben; Jugend

MYTHOS Die Schutzgöttin des westlichen Thebens ernannte man auch zur Totengöttin, denn sie half den Toten mit einer Leiter in den Himmel. Hathor trug oft über einer langen Perücke Geierhaube und Krone, die mit Kuhgehörn und Sonnenscheibe verziert wurde. Man stellte sie kuh- oder menschengestaltig dar. Ähnlich der altägyptischen Göttin Isis wurde Hathor als Göttin der Freude und des Tanzes verehrt. Und ebenso wie Isis war Hathor mit mütterlichen Eigenschaften ausgestattet. Als Auge des Re war es ihr möglich, alle Feinde zu strafen. Manchmal steht sie in Kuhgestalt beschützend hinter dem König. Menschengestaltig trägt sie häufig ein Lebenszeichen in der Hand. Hathor galt auch als Göttin fremder Länder und als Schutzherrin des Wüstengebirges der Toten von Memphis und Theben.

Den dritten Monat des ägyptischen Jahres belegte man mit Hathors Namen. Kulte um diese Göttin gab es im ganzen Niltal, ihr Hauptkultort war jedoch Dendera.

RICHTIG LIEGENDES HOLZPLÄTTCHEN

TEMPEL DES AMUN / CHARAKTER

Dieses Plättchen bietet Schutz vor störenden äußeren Einflüssen. Menschen unter diesem Zeichen sind meist großzügig, konservativ, praktisch veranlagt und talentiert. In Ihrem Umkreis gedeihen die Dinge – egal, ob es sich dabei um Familie, Partnerschaft oder berufliches Umfeld handelt. Bauen Sie in punkto Sicherheit nicht zu sehr auf Äußerlichkeiten wie Luxus und Komfort, denn sie lösen sich schnell in nichts auf.

TEMPEL DES OSIRIS / KÖRPERLICHES UND GEISTIGES WOHLBEFINDEN

Um Ihre Gesundheit zu erhalten, benötigen Sie als Ausgleich zur Arbeit die Natur und ein warmes Zuhause. Verstehen Sie die Karte als Aufforderung, sich mehr um Ihre innere Stabilität und weniger um Äußerliches zu kümmern. Nehmen Sie sich häufiger Zeit für einen Spaziergang im Grünen oder eine andere Art der körperlichen Betätigung.

TEMPEL DER HATHOR / LIEBE UND BEZIEHUNG Menschen unter diesem Zeichen besitzen normalerweise ein sehr großes Herz. Sie müssen sich jedoch davor hüten, ausgenutzt zu werden. Auch tendieren sie dazu, andere nach ihrem Willen formen zu wollen. Nehmen Sie die Menschen so, wie sie sind. Versuchen Sie, nahe Stehenden keinen neuen Lebensstil aufzuzwingen. Hathor liebt ihre persönliche Unabhängigkeit und kämpft dafür. Dabei entledigt sie sich aber nicht ihrer Verantwortung für andere.

TEMPEL DER MAAT / BERUF Hathor weist darauf hin, dass sich Geld bald vermehren wird. Sie ist bereit, dafür hart und ausdauernd zu arbeiten. Dabei sorgt sie sich besonders um ihre Sicherheit und die ihrer Familie. Üblicherweise verfolgt sie nur das, was sie wirklich will, und verzettelt sich dabei nicht in anderen Dingen. Menschen unter diesem Zeichen laufen Gefahr, sich ganz ihrem Beruf zu verschreiben. Ihren guten Ruf in der Arbeitswelt genießen sie nicht umsonst.

UMGEDREHTES HOLZPLÄTTCHEN

TEMPEL DES AMUN / CHARAKTER Inspiration, Kreativität und Herzenswärme haben sich derzeit verflüchtigt. Unsicherheit erfüllt Sie vielleicht stattdessen. Meist verfügen Menschen unter diesem Zeichen über wenig Unabhängigkeit und Einflussmöglichkeiten. Verstehen Sie das Plättchen als Aufforderung, sich wieder an die positiven Kräfte der Hathor zu erinnern. Vergegenwärtigen Sie sich Ihre Fähigkeiten, und setzen Sie diese gezielt ein.

TEMPEL DES OSIRIS / KÖRPERLICHES UND GEISTIGES WOHLBEFINDEN Die Abhängigkeit von anderen bringt Sie in eine unangenehme Lage. Sie leiden unter dem Freiheitsentzug und reagieren traurig, launisch und grüblerisch. Sie fühlen sich ausgebrannt und schwach. Bauen Sie neues Selbstvertrauen und körperliche Stärke auf. Kümmern Sie sich mehr um Ihr Äußeres. Treiben Sie Sport, und pflegen Sie Ihren Körper.

TEMPEL DER HATHOR / LIEBE UND BEZIEHUNG Bitterkeit hat Sie erfasst. Schwankend und willensschwach ziehen Sie durchs Leben. Das macht Sie für andere nicht gerade attraktiv. Wenn Sie auf der Suche nach einem Partner sind, sollten Sie zunächst Ihr Selbstbewusstsein stärken, damit Sie für andere ansprechend sind. Menschen unter diesem Zeichen fühlen sich in einer Beziehung leicht unterjocht. Denken Sie daran: Sie können auch sehr gut alleine über die Runden kommen. Eine Trennung kann wie ein Befreiungsschlag wirken und neue Energie freisetzen.

TEMPEL DER MAAT / BERUF Dieses Zeichen könnte auf eine unbefriedigende berufliche Situation hinweisen. Sie haben eine Ihnen übertragene Arbeit nicht fertig gestellt? Formulieren Sie positive Aussagen: »Ich werde es schaffen.« Vielleicht aber haben Sie auch Probleme mit einem Ihrer Kollegen, der Sie durch sein Verhalten einschränkt. Klären Sie belastende Situation in einem Gespräch, und zeigen Sie klare Grenzen auf.

Worte, von der Mutter
gesprochen,
der Beherrscherin des Himmels,
der Herrin über alle Götter:
Sie verleihen Leben,
Beständigkeit und Wohlergehen.

HATI

Das Herz

BEGRIFFE Schicksal; Disziplin; Denken; Fühlen

MYTHOS In der ägyptischen Welt galt das Herz als wertvollstes Organ: »Wenn der Arm etwas tut, die Beine gehen, ein jedes Glied sich bewegt, dann tun sie dies nach der vom Herzen ersonnenen Ordnung« – so ein Text aus der memphitischen Theologie. Die Ägypter ordneten dem Herzen auch die fünf Sinne und das Wort unter: »Es holt sich daher (von den Sinnen) jedes Urteil, und die Zunge spricht aus, was das Herz gedacht hat.« Hati drückt im ägyptischen Sinne alle unsere Gehirnfunktionen aus und versinnbildlicht Fühlen, Denken, Wollen und Erkennen. Das Herz ist auch der Sitz des Unterbewussten, des instinktiven Lebens sowie des individuellen Schicksals.

RICHTIG LIEGENDES HOLZPLÄTTCHEN

TEMPEL DES AMUN / CHARAKTER Mit Selbstbeherrschung, klarem Verstand, Selbstdisziplin und Kontrolle ihrer Gefühle können Menschen unter diesem Zeichen Schwierigkeiten überwinden. Das Plättchen ist eine Aufforderung sich nicht durch materielle Versuchungen und Egoismus vom Weg abbringen zu lassen. Mit Selbstbeherrschung werden Sie vorankommen und Ihr Ziel erreichen.

TEMPEL DES OSIRIS / KÖRPERLICHES UND GEISTIGES WOHLBEFINDEN Dieses Zeichen deutet auf eine nahezu unverwüstliche Gesundheit hin, allerdings nur solange sich Körper und Geist im Einklang befinden. Ist das ausgesprochen empfindliche Gleichgewicht gestört, können sich erhebliche Beeinträchtigungen bemerkbar machen, die Körper wie Geist in Mitleidenschaft ziehen.

TEMPEL DER HATHOR / LIEBE UND BEZIEHUNG Sie haben an einer Beziehung lange gearbeitet. Schon bald werden Sie die Früchte Ihrer Arbeit ernten. Das kann allerdings anders aussehen, als Sie vermuten! Eine Überraschung steht bevor. Hati kann auch eine Wiedervereinigung von Liebenden prophezeien.

TEMPEL DER MAAT / BERUF »Bin das wirklich ich? Oder zeige ich mich nach außen hin ganz anders?« Überprüfen Sie Ihr Verhalten und Handeln mittels dieser Fragen. Bevor Sie aktiv werden, sollten Sie noch einmal kurz über Ihre wahren Antriebskräfte nachdenken: Wollen Sie nur Ihre eigenen Vorteil durchboxen, und haben Sie vielleicht größere Zusammenhänge aus den Augen verloren? Mit Selbstreflexion können Sie Ihre negativen Kräfte in den Griff bekommen. Schwierigkeiten werden gemeistert. Ein seit langer Zeit gehegter Wunsch geht in Erfüllung; vielleicht rückt eine Beförderung oder der Wechsel einer Arbeitsstelle näher.

UMGEDREHTES HOLZPLÄTTCHEN

TEMPEL DES AMUN / CHARAKTER
Das Plättchen weist auf Menschen hin, die ihren Weg aus den Augen verloren haben. Der Verlust an Selbstbeherrschung lässt Sie straucheln. Nehmen Sie sich Zeit, um noch einmal in aller Ruhe Ihre persönlichen wie privaten Ziele zu formulieren.

TEMPEL DES OSIRIS / KÖRPERLICHES UND GEISTIGES WOHLBEFINDEN
Verstand und Gefühle sind aus dem Gleichgewicht geraten. Versuchen Sie, sie wieder ins Gleichgewicht zu bringen. Befolgen Sie das alte Sprichwort: »In der Ruhe liegt die Kraft.« Momente der Einkehr sind jetzt sehr wichtig für Sie. Ihre Lebensweise führt sonst zu andauernden Spannungen, die körperliche und seelische Beschwerden nach sich ziehen könnten. Das Plättchen kann auch Selbstzerstörung, einen Rückfall in negative Gewohnheiten oder eine Niederlage versinnbildlichen. Sie sind vom richtigen Weg abgekommen. Möglicherweise zeigt sich das in übermäßiger Essenslust, gesteigertem Zigaretten- und Alkoholkonsum oder dem Missbrauch anderer Drogen. Mit Ihrem höchsten Gut, der Gesundheit, gehen Sie sehr leichtsinnig um. Machen Sie sich bewusst, wie wenig selbstverständlich ein gesunder Körper ist. Seien Sie dankbar für Ihre Gesundheit. Eine Zeit des Rückzugs kann erforderlich sein, damit Sie wieder lernen, auf Ihren Körper zu hören.

TEMPEL DER HATHOR / LIEBE UND BEZIEHUNG Das Plättchen deutet auf Untreue hin. Nutzen Sie die Chance, sich gegenseitig neu zu betrachten. Das kann durch Verzeihen und Verstehen geschehen. Halten Sie sich aber auch jederzeit die Möglichkeit offen, Ihren Partner zu verlassen. Stellen Sie sich folgende Fragen: »Spielt mein Partner mit offenen Karten? Versucht er, mich durch versteckte Erpressung in eine Ecke zu treiben?« Machen Sie sich klar, dass Liebe nicht nur die Tage voller Sonnenschein meint. Zu einer erfüllten Beziehung gehören genauso die Schattenseiten Ärger, Auseinandersetzung, Streit, Untreue und Zweifel an Gefühlen. Wahre Liebe nimmt diese Herausforderungen an.

TEMPEL DER MAAT / BERUF Eine Aufgabe ist Ihnen aus der Hand geglitten, Sie haben die Übersicht verloren. Bringen Sie mehr Disziplin auf, und achten Sie zu diesem Zweck verstärkt auf Ihre inneren Eingebungen. Auch in beruflichen Dingen ist es wichtig, Intuitionen zu folgen.

Möge mein Hati am rechten
Ort verbleiben!
Möge Friede herrschen zwischen
meinem Herzen und mir!
Möge ich weilen Osiris zur Seite
Im Osten der Blumenwiese!
Möge ich in meiner Barke auf-
wärts und niederwärts segeln
Auf den Fluten
des himmlischen Nils!

HORUS

Großer Himmelsgott und Schutzgott des Pharaos

BEGRIFFE Jugendlichkeit; Lebenskraft; Tapferkeit; Mut; Übergöttlichkeit

MYTHOS Bei Horus handelt es sich um einen der ältesten und wichtigsten Götter Ägyptens. Seine Mutter Isis brachte Horus im Papyrusdickicht des Nildeltas zur Welt. Sie versteckte ihn vor Seth, dem Mörder seines Vaters. Gewöhnlich wurde er menschengestaltig mit Falkenkopf und Doppelkrone dargestellt. Horus ist der Herrscher des Himmels- und des Luftraumes. In seinen Händen trägt er oft die Zeichen von Unversehrtheit und Leben. Horus war der Welt- und Lichtgott. Man setzte ihn der Sonne gleich. Im späteren Mythos kristallisierten sich mehrere Horus-Götter heraus. Der kleine Horus, Harpokrates, Sohn des Osiris und der Isis, sowie der ältere Horus oder Horus von Edfu.

Den Himmelsgott setzte man oft mit dem jeweiligen Herrscher gleich. Deshalb trug fast jeder ägyptische König den Beinamen Horus. Die vier Söhne des Horus stellten die Himmelsrichtungen dar. Ihre Gestalten zierten die Krüge, die die Eingeweide der Verstorbenen enthielten.

RICHTIG LIEGENDES HOLZPLÄTTCHEN

TEMPEL DES AMUN / CHARAKTER Mithilfe der Reife, dem Selbstbewusstsein und den Führungsqualitäten von Horus haben Sie bereits vieles im Leben erzielt. Nun sind Sie dabei, das Erreichte zu verwalten und zu lenken. Sie besitzen die Hilfsmittel, um mit allen Schwierigkeiten des Lebens gut fertig werden zu können. Menschen unter diesem Zeichen haben ihr Schicksal selbst in der Hand. Das Horus-Plättchen kann übrigens ein Hinweis darauf sein, dass man eine Tätigkeit wieder aufnehmen sollte, die lange Zeit liegen geblieben ist. Jetzt ist der richtige Moment, sie zu Ende zu führen.

TEMPEL DES OSIRIS / KÖRPERLICHES UND GEISTIGES WOHLBEFINDEN Sie durchleben eine gesundheitliche Hochphase. Genießen Sie es, von keinerlei Beschwerden geplagt zu werden, und seien Sie sich bewusst, dass Gesundheit ein Geschenk ist, das es zu hüten gilt. Achten Sie weiterhin auf sich!

TEMPEL DER HATHOR / LIEBE UND BEZIEHUNG Das Horus-Plättchen weist auf eine zufällige Begegnung hin, die Wesentliches in Ihrem Leben bewirken könnte. Des Weiteren kündigt Horus die Geburt eines Kindes in Ihrer oder in einer Ihnen nahe stehenden Familie an.

TEMPEL DER MAAT / BERUF Ideen nehmen nun Gestalt an. Momentan zeichnen Sie sich durch eine gesteigerte Wahrnehmung aus. Sie werden bald von Ihrer Fähigkeit Gebrauch machen müssen, die Motive anderer schnell zu durchschauen.

UMGEDREHTES HOLZPLÄTTCHEN

TEMPEL DES AMUN / CHARAKTER Horus offenbart Probleme im Umgang mit Macht und Manipulation. Stellen Sie sich die Frage, ob Sie oder Menschen in Ihrem Umfeld vertrauenswürdig sind. Sie lassen sich von äußeren Einflüsse zu stark unter Druck setzen. Machen Sie sich frei! Überprüfen Sie Ihren Realitätssinn. Horus-Menschen fliehen oft vor der Wirklichkeit.

TEMPEL DES OSIRIS / KÖRPERLICHES UND GEISTIGES WOHLBEFINDEN Zwischen Ihren weiblichen und männlichen Seiten herrscht Unausgewogenheit. Überlassen Sie Ihren weichen Seiten mehr Raum, dann wird es Ihnen auch körperlich wieder besser gehen. Auch Meditation könnte Sie auf den richtigen Weg zurückführen. Stellen Sie sich einmal vor, dass Sie ein kleines Kind sind. Hüpfen Sie ausgelassen in eine Pfütze, oder laufen Sie johlend über eine Wiese. Das wird Ihnen Freude und Gelassenheit schenken.

TEMPEL DER HATHOR / LIEBE UND BEZIEHUNG »Bestimmen, festhalten und alles unter Kontrolle haben«, so lautet Ihre Devise. Menschen unter diesem Zeichen wirken manchmal berechnend und tyrannisch. Mit Ihrem Verhalten stehlen Sie anderen Menschen die Energie. Unbewusst verdrehen Sie die Wirklichkeiten und glauben an Ihre zurechtkonstruierten Wahrheiten. Reines Geltungsbedürfnis liegt Ihrem Handeln zugrunde. Oft richten Sie Ihr Augenmerk auch zu stark auf Einzelheiten. Das kann grausam für Partner und Freunde sein. Achten Sie mehr auf die Gefühle der anderen. Unter diesem Zeichen ist aber auch ein anderes extremes Verhalten festzustellen. Manchen Menschen mangelt es in ihren Beziehungen deutlich an Autorität. Sie machen sich abhängig und klein. Das kann zu psychischen Problemen führen. Stellen Sie sich Ihrer Unsicherheit. Fürchten Sie sich nicht. Sie sind weit mehr, als Ihnen bewusst ist.

TEMPEL DER MAAT / BERUF Derzeit fehlt Ihnen der Antrieb, eine Sache selbst in die Hand zu nehmen. Im Inneren sind Sie zutiefst verunsichert. Bejahen Sie sich wieder selbst. Hilfreich wird es dabei sein, wenn Sie sich auf Ihre Wurzeln und Fähigkeiten besinnen. Wer bin ich? Woher komme ich? Was habe ich schon geleistet? Ihre mangelnde Ausdauer ist unter anderem daran schuld, dass Ihre Pläne im Sand verlaufen. Fehlentscheidungen werden getroffen. Auf chaotische Weise verschwenden Sie Ihre Energie. Vertrauen Sie auf sich selbst. Sie sind Ihr bester Führer.

Isis zu ihrem Sohn:
Sei standhaft, Horus!
Fliehe nicht vor den feindlichen Wassertieren!
Fürchte nicht die in der Flut befindlichen Feinde.
Höre nicht darauf, wenn er (Seth) dich um Gnade anfleht!

ISIS

Königin; Schutzherrin aller Mütter und Kinder; Göttin der Toten

BEGRIFFE Liebe; Treue; Aufopferung

MYTHOS Isis bildete ursprünglich ein Symbol der göttlichen Mutterschaft. Forscher mutmaßen auch, dass sie die Vergöttlichung des Herrschaftsthrones darstellte, dessen Schriftzeichen sie auf dem Kopf trug. Eng verbunden ist die Geschichte der Isis mit der ihres Bruders und Gemahls Osiris. Nachdem Seth Osiris ermordet hatte, sammelte Isis die Körperteile des Toten auf und verlieh ihm einen Hauch Leben, das er im Jenseits verbrachte. Vom toten Osiris empfing Isis Horus, den sie im Schutz der Sümpfe aufzog. Statuen zeigen Isis manchmal als eine Frau, die den Horusknaben säugt. Auf ihrem Kopf finden sich Thronsockel, Kuhhörner und Straußenfedern. Zwischen ihnen sitzt die Sonnenscheibe.

Der Kult um diese überaus beliebte Göttin, die als Schutzgöttin von Kindern und Müttern hohes Ansehen genoss, reichte bis nach Griechenland und Rom. Dort wurde sie oft mit Hera und Juno verglichen. Das Christentum kennt den Typus als Jungfrau Maria mit dem Jesusknaben.

RICHTIG LIEGENDES HOLZPLÄTTCHEN

TEMPEL DES AMUN / CHARAKTER

Isis verspricht Stärke, Stabilität und Gesundheit. Sie ist unsere innere Führerin zur Weisheit und verkörpert das weibliche Prinzip. Menschen unter diesem Zeichen werden oft wegen ihres liebenswerten und barmherzigen Wesens geschätzt. Genauso wie die Mäßigkeit gehört aber auch die Leidenschaft zu ihrem Wesen.

TEMPEL DES OSIRIS / KÖRPERLICHES UND GEISTIGES WOHLBEFINDEN

Das Plättchen der Isis symbolisiert Glück und Gesundheit. Es spricht unsere emotionale Seite an. Dabei handelt es sich um Gefühle, die wir mit unserem Verstand beeinflussen können. Das harmonisches Zusammenspiel ist Garant für körperliche und geistige Fitness.

TEMPEL DER HATHOR / LIEBE UND BEZIEHUNG Menschen unter diesem Zeichen besitzen die Fähigkeit, eine gut funktionierende Beziehung zu führen.

Ihre Harmoniebereitschaft und die Kraft zur Zusammenarbeit können Sie demnächst in eine Ehe oder Partnerschaft führen. Sie sind zu bedingungsloser Liebe und großer Seligkeit fähig. Merken Sie sich: Bedingungslos bedeutet, ohne zu richten oder etwas zu erwarten.

TEMPEL DER MAAT / BERUF Dieses Plättchen verweist auf eine attraktive, intelligente Person, die ehrgeizig ihre Ziele verfolgt. Man findet sie in allen Berufen. Sie kann sich als Manager/in Achtung im Beruf erwerben, aber auch als Mutter oder treu sorgender Vater im Familienkreis hohe Wertschätzung erlangen. In jedem Fall handelt es sich bei Isis-Typen um Respektsperson, die mit Charme ihre Umgebung für sich einnehmen. Grundvoraussetzung dafür ist aber, dass die Gefühle ständig im Fluss sind. Immer wieder sollten wir sie neuen Situationen anpassen. Menschen, die dieses Holzplättchen gewählt haben, müssen intensiv auf Zusammenarbeit, Harmonie und bessere Beziehungen hinarbeiten.

UMGEDREHTES HOLZPLÄTTCHEN

TEMPEL DES AMUN / CHARAKTER
Menschen unter diesem Zeichen sind von starke Harmoniesucht geprägt. Sie wollen jedermanns Liebling sein, doch dieser Vorsatz ist zum Scheitern verurteilt. Streit und Gefühlsausbrüche umgehen sie. Auf andere wirken sie meist weichlich, sentimental oder feige. Ratschlag: Stellen Sie sich Konflikten!

TEMPEL DES OSIRIS / KÖRPERLICHES UND GEISTIGES WOHLBEFINDEN Ihre negativen Gedanken können Sie auf Dauer krank machen. Der Zugang zu Ihrer inneren Welt ist blockiert. Um jeden Preis wünschen Sie sich Aufmerksamkeit. Dieses Plättchen kann auf Heilung hindeuten. Entweder Sie selber müssen Heilung annehmen oder einem anderen Menschen diese angedeihen lassen. Bitten Sie um Hilfe. Doch tun Sie das ohne Einschränkung und große Erwartung. Achten Sie auch darauf, Ihre inneren Heilkräfte immer wieder zu aktivieren.

TEMPEL DER HATHOR / LIEBE UND BEZIEHUNG Das Plättchen weist darauf hin, dass sich ein offenes und mitleidvolles Herz bald verhärten kann. Menschen unter diesem Zeichen tendieren dazu, anderen demütig zu dienen. Auf sich alleine gestellt glauben sie nur schlecht existieren zu können. Bedenken Sie, dass ständige Anpassung zur Stagnation führen kann. Gleicht man seine Gefühle auf Dauer anderen an, nimmt uns das die Luft zum Atmen. Womöglich droht Langeweile Ihre Partnerschaft zu ersticken. Aktivieren Sie Ihre sexuellen Energien. In Ihre Beziehung muss wieder mehr Leben einziehen! Unternehmen Sie etwas Besonderes!

TEMPEL DER MAAT / BERUF Menschen unter diesem Zeichen neigen dazu, andere aus Eifersucht oder Neid verdeckt anzugreifen. Sie werden zu rücksichtslosen Konkurrenten und nutzen manchmal sogar ihren Sex-Appeal, um ein berufliches Ziel zu erlangen. Dabei verkaufen Sie sich selber. Ihr blinder Ehrgeiz kann in Vernichtung enden.

Isis, Schöpferin des Weltalls,
Beherrscherin des Himmels
und der Sterne,
Herrin des Lebens,
Königin der Götter,
Zauberin mit vortrefflichen
Ratschlägen,
strahlende Sonne,
die alles bekräftigt!
Die Menschen leben
auf dein Geheiß.

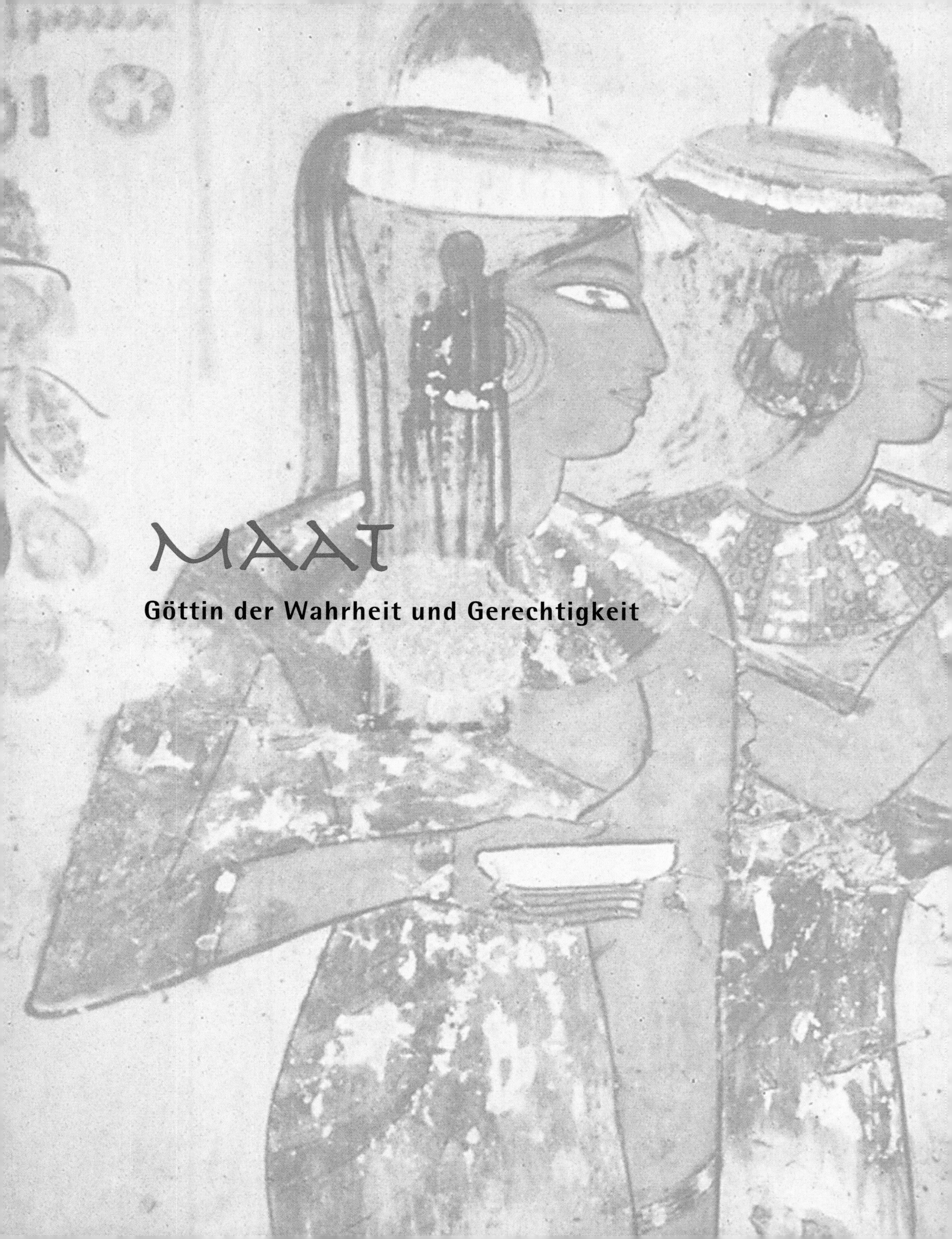

MAAT

Göttin der Wahrheit und Gerechtigkeit

BEGRIFFE Wahrheit; Ordnung; Rechtschaffenheit; Gerechtigkeit, Aufrichtigkeit; Eintracht

MYTHOS Maat wird auch als Tochter des Re (Gott der Sonne) bezeichnet. Diese Göttin gilt als Verkörperung von Wahrheit und Gerechtigkeit. Man stellte diese zierliche Göttin im eng anliegenden Gewand dar, auf dem Kopf trägt sie eine Straußenfeder. Ihr Zeichen und ihre Hieroglyphe ist eine Feder.

Die Aufgabe dieser Göttin war es, die Welt vor dunklen Mächten zu bewahren, die ihren Untergang anstrebten. Maat repräsentierte alle ethischen und moralischen Wertvorstellungen, die für ein gesittetes Leben standen. Beim Totengericht trat sie als Hüterin der Wahrheit auf, als rechtes Gewicht, nach dem man die Herzen der Toten wog und über ihre Taten urteilte. So wurde sichergestellt, dass der Tote nach den gültigen ägyptischen Rechtsnormen gerichtet wurde. Götter, Könige und Menschen sollten im Sinne der Maat leben. Der oberste Richter im Land, der Wesir, führte die Bezeichnung »Priester der Maat« ein. Diese Göttin spielte eine bedeutende Rolle im gesamten kultischen und religiösen Leben. Sie fungierte als Gegenkraft zu allem, was ungerecht, zerstörerisch und ungeordnet war. Einen eigenen Kult um Maat schuf man vornehmlich im Neuen Reich.

RICHTIG LIEGENDES HOLZPLÄTTCHEN

TEMPEL DES AMUN / CHARAKTER

Die Waage steht für die Fähigkeit, Dinge gegeneinander abzuwägen, um zu einer unparteiischen Entscheidung zu gelangen. Menschen unter diesem Zeichen sind durch ein ausgeglichenes Wesen und rationales Denken geprägt. Die Urteile, die sie über andere fällen, sind wohl bedacht. Hohe Grundsätze und ethische Werte leiten das Leben der Maat. Sie kämpf nicht um der Macht, sondern um der Wahrheit willen. Sie beschützt die Tüchtigen und Mutigen. Ihre Waffen sind Klugheit, Zielstrebigkeit und Voraussicht. Maat ist eine Kriegerin, aber auch eine Kultur schaffende Göttin.

TEMPEL DES OSIRIS / KÖRPERLICHES UND GEISTIGES WOHLBEFINDEN Maat symbolisiert die Waage Ihres Lebens. Befinden Sie sich momentan im Gleichgewicht, oder belasten Sie Sorgen und Nöte? Fühlen Sie sich erschöpft und unausgeglichen? Hören Sie wieder besser auf die Zeichen, die Ihnen Ihr Körper gibt. Dann dürfte es Ihnen leicht fallen, wieder in einen harmonischen Rhythmus zu finden.

TEMPEL DER HATHOR / LIEBE UND BEZIEHUNG Das Plättchen kann auch ein Hinweis darauf sein, dass Sie Ihr Leben stabilisieren sollten. Nehmen Sie sich gleichermaßen Zeit für sich und andere. Man erntet, was man gesät hat. Das gilt im Leben wie in der Liebe.

TEMPEL DER MAAT / BERUF Verstehen Sie das Plättchen als Aufforderung, Emotionen aus einer anstehenden Entscheidung herauszuhalten. Berücksichtigen Sie die äußeren Umstände bei Ihren Überlegungen. Wenn Sie gerade mit einer schwierigen Situation konfrontiert sind, sollten Sie sich auf die positiven Eigenschaften der Waage besinnen. Lassen Sie sich von Ihren ethischen Grundsätzen leiten, dann wird Sie niemand so schnell aus der Bahn werfen können.

UMGEDREHTES HOLZPLÄTTCHEN

TEMPEL DES AMUN / CHARAKTER Ungerechtigkeit und Misstrauen beherrschen Ihr momentanes Leben. Fühlen Sie sich unfair behandelt? Oder sind Sie selber derjenige, der über andere ein ungerechtes Urteil fällt? Anderen erscheinen Sie als launisch, unfair und verschlagen.

TEMPEL DES OSIRIS / KÖRPERLICHES UND GEISTIGES WOHLBEFINDEN Alles, was Sie erschaffen und aussenden, kehrt zu Ihnen zurück. Strömen Sie schlechte Energien aus, so werden sich diese auf Sie selber niederschlagen. Das kann sich in Form einer physischen Krankheit oder in psychischem Leid äußern. Streben Sie einen Ausgleich an, um Ihrem Körper wieder Kraft zu geben.

TEMPEL DER HATHOR / LIEBE UND BEZIEHUNG Befreien Sie sich von Gesetzen, die nicht Ihre eigenen sind. Anderen gegenüber verhalten Sie sich anmaßend, erbarmungslos und streng. Das Gleichgewicht von Fühlen und Denken, das für gesunde Beziehungen notwendig ist, ist aus dem Lot geraten. Menschen unter diesem Zeichen urteilen manchmal nüchtern und hart über das Verhalten nahe stehender Personen. Ihre Worte können andere sehr verletzen. Betrachten Sie Aufrichtigkeit nicht als nützliches Mittel, sondern als ethisches Prinzip. Setzen Sie Ihre scharfe Zunge behutsamer ein.

TEMPEL DER MAAT / BERUF Die Schattenseite der Waage zeigt Zerstörung auf. Möglicherweise sind Sie oder ein Arbeitskollege auf ein schiefes Gleis geraten. Sind Intrigen an Ihrem Arbeitsplatz mit im Spiel? Es liegt an Ihnen oder Ihrem Kollegen, einen Neubeginn zu wagen. Höchste Zeit, die Dinge anzupacken und sich dabei wieder auf Werte und Tugenden zu besinnen.

O Maat, hierher kommend
tret ich vor dich!
Lass mich denn deine strahlende
Schönheit erschauen!
Sieh meine Arme in
Anbetung erhoben.
Deines heiligen Namens!
O Wahrheit – Gerechtigkeit,
höre mich!

MUT

Mutter Erde; Göttin von Theben

BEGRIFFE Weiblichkeit, Liebe, Fürsorge, Ehrwürdigkeit

MYTHOS Bei Mut handelt es sich um eine Göttin in Menschengestalt, die Geierhaube und Doppelkrone trägt. Ihre Bedeutung war herausgehoben durch die Beziehung zu Amun.

Mit dem Gott Amun und ihrem Sohn Chons bildete Mut seit dem Neuen Reich die göttliche thebanische Dreieinigkeit. Der Name Mut wurde mit dem Geierzeichen dargestellt und mit »Mutter« übersetzt. Man setzte sie aber auch mit anderen Löwen- und Geiergöttinnen wie Sechmet, der Göttin des Krieges, gleich. Seit der 18. Dynastie betrachtete man das Gottespaar Amun und Mut auch als Eltern des jeweils herrschenden Pharaos. An Muts Kultstätte in Karnak wurde ein halbmondförmiger kleiner See angelegt. Hier wurde sie in Löwengestalt abgebildet. Von Karnak aus begleiteten Mut und ihr Sohn Chons den Pharao Amun-Re zu den Opet-Festen in Luxor. Diese dauerten manchmal bis zu 27 Tage lang und dienten der Vereinigung von Amun und seiner Gemahlin.

RICHTIG LIEGENDES HOLZPLÄTTCHEN

TEMPEL DES AMUN / CHARAKTER Die Göttin Mut stellt den Urquell des Lebens dar. Sie steht für Nahrung, Güte, Unterstützung und für die Fähigkeit, Urvertrauen zu schaffen. Menschen unter diesem Zeichen besitzen oft eine magische Ausstrahlung. Angetrieben durch ihre Liebe, Kraft und Spiritualität erreichen sie ihre Ziele. Beherrscht, diszipliniert, verständnisvoll und vergebend verhält sich Mut gegen ihre Umwelt.

TEMPEL DES OSIRIS / KÖRPERLICHES UND GEISTIGES WOHLBEFINDEN Die liebende Mut gibt sich immer wieder für andere hin. Dabei muss sie aufpassen, dass sie sich nicht aufopfert. Sie sollte lernen, nicht nur zu geben, sondern auch zu nehmen. Lassen Sie also auch sich selbst die notwendige Fürsorge und Liebe zukommen, um nicht vor Erschöpfung zu kollabieren. Bewahren Sie Ihre Kräfte, denn sie kommen Ihnen selbst und Ihren Mitmenschen zugute.

TEMPEL DER HATHOR / LIEBE UND BEZIEHUNG Wenn sich gerade jemand um Ihre Gunst bemüht und Sie sich nicht sicher sind, ob Sie ihn erhören sollen, betrachten Sie ihn nochmals eine Weile aufmerksam. Verschließen Sie daraufhin Türen und Fenster. Gehen Sie in sich. Lassen Sie die Welt um sich herum still werden. Welche Empfindungen werden wach gerufen? Wenn sich Ihr Herz in diesem Moment der Stille für diesen Menschen öffnet, dann lassen Sie seine Liebe zu.

TEMPEL DER MAAT / BERUF Menschen unter dem Zeichen der Mut besitzen die Fähigkeit zur aufrichtigen Selbstanalyse. Gehen Sie dabei jedoch nicht zu hart mit sich ins Gericht. Vertrauen Sie sich selbst, dann werden Sie in Ihrem beruflichen Umfeld weiterkommen. Schränken Sie sich auf Ihrem Weg nicht durch Erwartungen an andere oder vorgegebene Bedingungen ein, sondern formulieren Sie Ihre eigenen Ziele, und nehmen Sie Ihren Werdegang selbst in die Hand. So können Sie große Erfolge erzielen.

UMGEDREHTES HOLZPLÄTTCHEN

TEMPEL DES AMUN / CHARAKTER Menschen unter diesem Zeichen neigen zu Zornausbrüchen und gewalttätigen Handlungen. »Selbstliebe« ist für sie ebenso ein Fremdwort geworden wie Liebe zu anderen.

TEMPEL DES OSIRIS / KÖRPERLICHES UND GEISTIGES WOHLBEFINDEN Dieses Plättchen zeigt psychische Probleme an. Manchen Menschen erscheint das Leben momentan lediglich als eine ermüdende Aneinanderreihung von Kämpfen. Versuchen Sie sich von der Schwere dieser Last zu befreien. Sie werden Hilfe finden, wenn Sie danach suchen.

TEMPEL DER HATHOR / LIEBE UND BEZIEHUNG Sie haben eine unschätzbare Kostbarkeit verloren: das Vertrauen in die Menschen. Vertrauen aber bildet einen der Grundpfeiler allen Seins und jeder Beziehung. Netten Gesten und Worten trauen Sie nicht über den Weg. Möglicherweise beruht Ihr Verhalten auf einer schlechten Erinnerung aus der Kindheit. Vielleicht aber leidet Ihr Leben auch unter Ihrem übergroßen Stolz. Sie wollen stark und unabhängig sein. Aus Furcht diese Eigenschaften zu verlieren, wenden Sie sich ab. Geben Sie nicht dem anderen die Schuld an einem Beziehungsstreit. Wie soll Ihr Partner Sie verstehen, wenn Sie nicht mit ihm sprechen?

TEMPEL DER MAAT / BERUF Menschen unter diesem Zeichen negieren ihre weiblichen Seiten. Nach außen markieren Sie gerne den starken Mann oder die starke Frau. Das kommt weder im Privat- noch im Berufsleben gut an. Akzeptieren Sie auch Ihre weichen Seiten, und gehen Sie mit Einfühlungsvermögen und Verständnis auf Ihre Mitarbeiter zu. Damit öffnen Sie nicht nur die Herzen derjenigen, mit denen Sie täglich viele Stunden zusammenarbeiten, sondern Sie gewinnen auch die Achtung und Wertschätzung Ihres Vorgesetzten. Vielleicht ist das der Beginn einer glänzenden Karriere!

NEBU

Das Gold

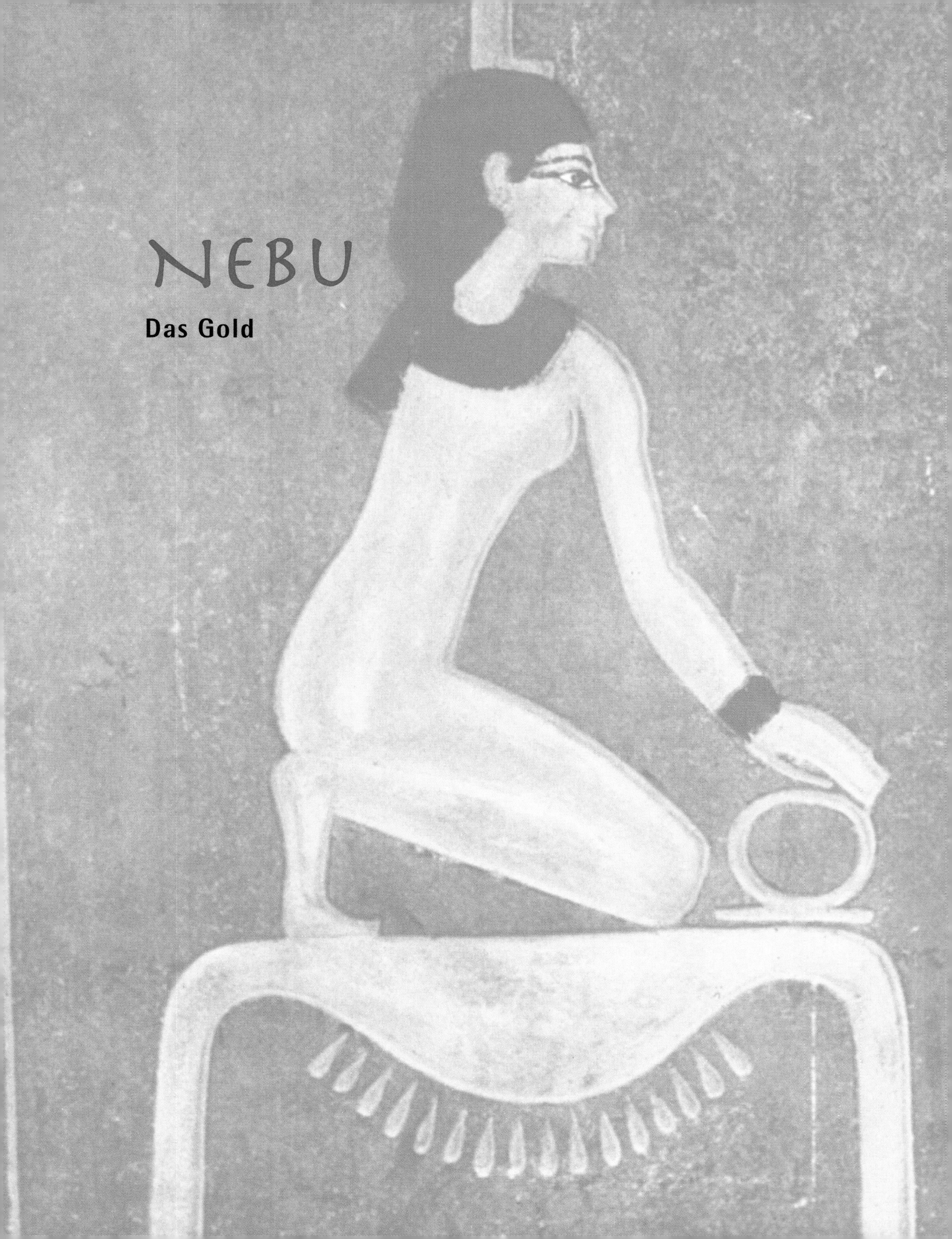

BEGRIFFE Wohlstand; materielle Sicherheit

MYTHOS Die Göttin Nebu kniet auf einer goldenen Hieroglyphe. Ihre Hände liegen dabei auf dem Schen-Ring, dem Symbol für Dauerhaftigkeit. Die Hieroglyphe steht für das göttliche Metall Gold. Dieses Szene verkörpert unter anderem materielle Sicherheit und Wohlstand.

Gold galt im alten Ägypten als göttliches Metall. Es war das Fleisch, aus dem die Götter gemacht waren. Bei ihrer Mumifizierung mussten Pharaonen symbolisch in einen lichtdurchfluteten Körper verwandelt werden. Man verwendete dazu Gold, mit dem Masken und Sarkophage überzogen wurden. Bis in heutige Zeit ist das vergoldete Gesicht des Pharaos Tutanchamun erhalten geblieben, und es zeugt vom Bestreben, den Herrscher für den Tod und das Leben nach dem Tod optimal auszurüsten. Mit goldenen Fingerhülsen wurden beispielsweise auch die Hände der Pharaonen überzogen. Das edle Metall enthielt die göttliche Natur und konnte diese an andere weitergeben.

RICHTIG LIEGENDES HOLZPLÄTTCHEN

TEMPEL DES AMUN / CHARAKTER
Unter dem Zeichen des Goldes trifft man ehrgeizige Menschen, die mit Ausdauer ihr Ziel erreichen. Hier handelt es sich um ausgesprochen vertrauenswürdige Persönlichkeiten, mit deren Hilfsbereitschaft man unbedingt rechnen kann. In ihrem Leben spielen Traditionen und damit verbundene ethische Normen eine nicht unerhebliche Rolle. Ausgeprägt ist das Bedürfnis, finanzielle Angelegenheiten nie außer Kontrolle geraten zu lassen und über Ein- und Ausgaben genauestens Bescheid zu wissen.

TEMPEL DES OSIRIS / KÖRPERLICHES UND GEISTIGES WOHLBEFINDEN
Beständig, ohne große Tiefen, aber auch ohne Höhen verläuft Ihre Körper-Gesundheit-Linie. Schätzen Sie sich glücklich, dass es Ihnen gut geht, und versuchen Sie, ab und zu etwas für Ihr psychisches Wohlbefinden zu tun. Ein leichter Kick könnte Ihnen nicht schaden.

TEMPEL DER HATHOR / LIEBE UND BEZIEHUNG Das Plättchen spricht von einer sicheren Beziehung, von Hochzeit oder Mutterschaft. Nebu warnt aber auch: »Es ist nicht alles Gold, was glänzt.« Nehmen Sie Ihren Partner noch einmal genau unter die Lupe, bevor Sie sich auf eine engere Bindung einlassen.

TEMPEL DER MAAT / BERUF Das Plättchen kann anzeigen, dass sich Stabilität und Sicherheit in beruflichen Dingen einstellen werden. Wachstum und positive Entwicklung kündigen sich an. Diese Menschen erreichen ihre klar gesteckten Ziele, indem sie mit Hingabe arbeiten. Verstehen Sie dieses Plättchen auch als Hinweis, mehr Liebe in Ihre Tätigkeit einfließen zu lassen. Nebu deutet des Weiteren an, dass Geld für neue Projekte verfügbar sein wird. Seien Sie bereit, Risiken einzugehen, dann wird sich Ihr Geld fast wie von selbst vermehren. Setzen Sie ruhig auf mehrere Pferde, verzetteln Sie sich dabei aber nicht. Große Flexibilität wird Ihnen abverlangt.

UMGEDREHTES HOLZPLÄTTCHEN

TEMPEL DES AMUN / CHARAKTER Menschen unter diesem Zeichen achten zu sehr auf Äußerlichkeiten. Oberflächlich und wenig kritisch gehen Sie auf vordergründig interessant erscheinende Personen zu und versuchen, deren Aufmerksamkeit zu erringen. Leicht lassen Sie sich auch zu Handlungen überreden, die Gewinn versprechen. Häufig sind diese Personen auch unzufrieden mit ihrer materiellen Situation und ständig dabei, ihr Hab und Gut zu vermehren. Nichts stellt sie dabei zufrieden.

TEMPEL DES OSIRIS / KÖRPERLICHES UND GEISTIGES WOHLBEFINDEN Eventuell fühlen Sie sich derzeit matt, antriebslos und sind unzufrieden mit Ihrem Aussehen. Dieses Plättchen weist Sie darauf hin, dass Sie sich mehr um Ihre inneren Werte kümmern sollten. Plagen Sie echte Beschwerden, so ist es vordringlich, Ihren Körper zu stabilisieren. Das wird auch Ihre Psyche in Schwung bringen.

TEMPEL DER HATHOR / LIEBE UND BEZIEHUNG Familiäre Angelegenheiten beunruhigen Sie. Zu den Schwierigkeiten tragen auch Ihre momentanen Identifikationsprobleme bei. Sie fühlen sich überfordert und reagieren leicht gereizt. Reichen Sie Ihrem Partner die Hand, denn er ist mit Ihren Stimmungen überfordert. Das Plättchen weist auch darauf hin, dass man sich in der Kunst der Liebe üben sollte. Zu große Erwartungen, Werturteile und die Angst, zurückgewiesen zu werden, hindern uns meist daran. Lernen Sie, die Bedürfnisse anderer Menschen zu tolerieren und anzunehmen.

TEMPEL DER MAAT / BERUF Stillstand ist eingekehrt. Sie können aus Ihren Begabungen nichts machen, obwohl Sie es gerne möchten. Noch fehlt Ihnen der Schlüssel zur Zufriedenheit. Sie verfügen über zu wenig Macht und Einflussmöglichkeiten. Verfolgen Sie Ihre Ziele mit mehr Hingabe. Überprüfen Sie auch, ob der von Ihnen eingeschlagene Weg wirklich der richtige ist.

Es gibt niemanden, dessen Hand
mit Gold webt,
es gibt keinen, der von Silber
trunken wird,
echten Lapislazuli kann man
nicht essen.
Gerste ist die Grundlage des
Wohlergehens
wenn du ansteigst für die
hungernden Städter,
sättigen sie sich an den Gaben
des Landes.

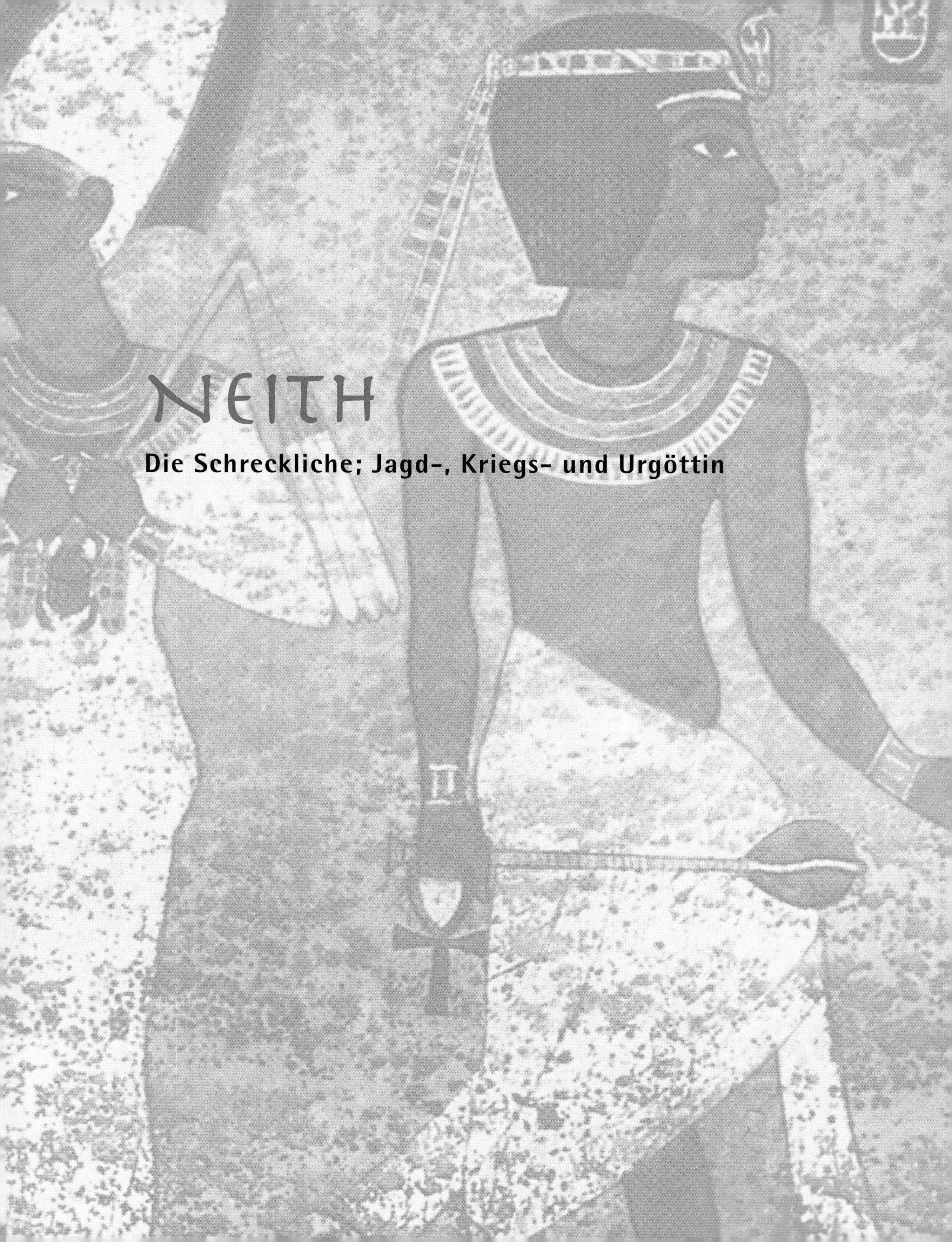

Neith

Die Schreckliche; Jagd-, Kriegs- und Urgöttin

BEGRIFFE Schöpferin; Schutzgöttin; Kämpferin; Hüterin; Anmut; Schönheit

MYTHOS Ursprünglich war Neith Orts- und Kriegsgöttin im Nildelta. Sie wurde aber auch als königliche Schutzmacht verehrt, besonders unter den Königen ab der 26. Dynastie. Neith trug die rote Krone Unterägyptens. Man stellte sie in Menschengestalt dar. In den Händen hielt sie oft einen Bogen mit zwei gekreuzten Pfeilen und einen Papyrusstab. Seltener wurde sie mit dem Lebenszeichen abgebildet. Neith wurde als Schöpferin verehrt, die sich als eine der ersten Göttinnen aus der kosmischen Natur selbst ins Leben rief. Nach alten Erzählungen verjagt sie alle bösen Geister. Ihr Auftreten findet in verschiedenen Erscheinungsformen statt. Diese Göttin galt als Beschützerin des Schlafs, als Erfinderin der Webkunst und Hüterin der Salböle. Zusammen mit den Horus-Kindern wachte sie über Sarkophage und Kanopengefäße (Behältnisse, in denen die Eingeweide der Toten aufbewahrt wurden). Im Nildelta brachte man sie oft mit dem Krokodilgott Sobek in Verbindung. Die Griechen setzten Neith mit ihrer Göttin Athene gleich. In Esna wurde sie auch zur Schöpfungs- und Urgöttin erhöht. Dabei stattete man sie mit männlichen und weiblichen Attributen aus. Sie war gleichsam »Vater der Väter« und »Mutter der Mütter«.

RICHTIG LIEGENDES HOLZPLÄTTCHEN

TEMPEL DES AMUN / CHARAKTER
Diese Plättchen steht für Inspiration, Loyalität und Fleiß. Auch Talente und Willensstärke sind vorhanden, doch nicht immer sind sie optimal eingesetzt. Die in sich ruhende Neith verkörpert mitunter die harmonische Schönheit der Natur.

TEMPEL DES OSIRIS / KÖRPERLICHES UND GEISTIGES WOHLBEFINDEN
Das Plättchen steht im Allgemeinen für eine gute Gesundheit oder baldige Genesung. Es verheißt uns eine inspirierte Periode und bringt Glanz in unseren Alltag, der Körper und Geist wohl tut. Lassen Sie Ihre Seele baumeln!

TEMPEL DER HATHOR / LIEBE UND BEZIEHUNG Neith deutet auf positive Entwicklungen in Gefühlsdingen hin. Das kann beispielsweise bedeuten, dass sich Verliebte endgültig zusammenschließen. Frauen, die dieses Plättchen gezogen haben, zeichnen sich durch große Selbstständigkeit aus. Sie brauchen keine starken Schultern, an die sie sich anlehnen können. In ihren Partnerschaften geben und nehmen sie zugleich.

TEMPEL DER MAAT / BERUF Als Meister der Diplomatie wissen Sie, wann Sie Ihre Meinung für sich behalten sollten und wann Sie Ihre Argumente erfolgreich einsetzen. Von anderen werden Sie als guter Ratgeber geschätzt. Unerwartetes Glück kündigt sich an. Möglicherweise findet eine wichtige Begegnung statt, von der Sie sehr profitieren können. Dieser Mensch kann Sie inspirieren und sogar auf einen hohen Posten befördern. Gehen Sie Kollegen und Mitarbeitern auf halbem Weg entgegen. Das Plättchen verspricht Stabilisierung und Gleichgewicht.

UMGEDREHTES HOLZPLÄTTCHEN

TEMPEL DES AMUN / CHARAKTER Mit dieser Karte mahnt Neith, diplomatische Geschicklichkeit und Klugheit nicht in Unehrlichkeit umzumünzen. Auch an Loyalität fehlt es Ihnen derzeit. Ihre Umgebung glaubt, Sie seien intrigant und opportunistisch.

TEMPEL DES OSIRIS / KÖRPERLICHES UND GEISTIGES WOHLBEFINDEN Sie fühlen sich vielleicht hervorragend, doch Ihr Gefühl könnte Sie täuschen. Hören Sie genauer auf Zeichen, die Ihr Körper Ihnen schickt, und erspüren Sie seine dringenden Bedürfnisse.

TEMPEL DER HATHOR / LIEBE UND BEZIEHUNG Durch Ihren Hang zur Übertreibung machen Sie oder nahe stehende Menschen sich auf Dauer unglaubwürdig und unbeliebt. Bändigen Sie Ihren reizbaren Charakter. Mehr Geduld ist gefragt. Das Plättchen weist auch auf sexuelle Untreue hin und macht Sie darauf aufmerksam, dass Sie ein Versprechen halten sollten. Neith zeigt mit diesem Plättchen auch innere Konflikte an, die seit Generationen in Ihrer Familie weitergegeben wurden. Großeltern und Eltern setzten sich mit diesen Problemen nicht auseinander und gaben sie an ihre Kinder weiter. Es ist nun an Ihnen, der Wahrheit ins Gesicht zu sehen. Das wird mit Leid verbunden sein, doch die Sonne wird die seelische Düsternis bald wieder erhellen.

TEMPEL DER MAAT / BERUF Vermutlich kündigt sich ein schwarzer Tag in Ihrem Leben an. Sie werden eine Probezeit, eine Prüfung oder eine andere schwierige Situation nicht bewältigen. Denken Sie daran, dass einer Zeit des Zusammenbruchs eine Periode der Wiedergeburt folgen wird. Falls Sie sich ungerecht behandelt fühlen, sollten Sie sich für kurze Zeit zurückziehen. Widmen Sie sich dann den einfachen Dingen des Alltags. Danach werden Sie einen klareren Kopf haben und die Angelegenheit zum Positiven wenden können.

NUT

Himmelsgöttin

BEGRIFFE Himmlische Kraft; Tod; Jenseitsglaube; Leben

MYTHOS In Tempeln und Gräbern wird die Himmelsgöttin nackt dargestellt. Ihr Körper wölbt sich über die Erde, Füße und Fingerspitzen berühren den Boden. Nut wird auch als Himmelskuh gezeigt, die über der Welt, dem Nilland und der Unterwelt steht. Ihr gebogener Leib symbolisiert den Lauf der Gestirne, aber auch die Spur des Sonnengottes Re am Firmament. Jeden Abend verschlingt Nut die untergehende Sonne im Westen. Diese wandert durch ihren Körper und wird am Morgen im Osten neu geboren. Der Legende nach war Nut eine Tochter des Götterpaares Schu und Tepnut. Aus dieser Verbindung entstammten Geb, der Erdgott, und Nut, die Himmelsgöttin. Nuts Kinder waren Osiris, Isis, Seth und Nephtys.

An vielen Kultorten finden sich Abbildungen von Nut, so etwa im Hathor-Tempel von Dendera. Auf einer Darstellung stützt der Gott Schu die über dem Erdgott Geb gewölbte Himmelsgöttin Nut – Symbol für die Entstehung von Himmel und Erde.

RICHTIG LIEGENDES HOLZPLÄTTCHEN

TEMPEL DES AMUN / CHARAKTER

Dieses Plättchen symbolisiert Optimismus, Aufrichtigkeit und Reinheit. Menschen unter diesem Zeichen verfolgen ihre Ziele meist mit großem Selbstvertrauen und anhaltender Begeisterung. Nut verkörpert unsere intuitive, gefühlsbetonte und instinktive Natur. Ohne Rücksicht auf Verluste versucht sie die Wahrheit herauszufinden. Das Plättchen kann als Aufruf verstanden werden, die Eigenschaften dieser Göttin verstärkt in sich wachzurufen, denn dem Schein zum Trotz sind Nut-Menschen freundlich und humorvoll. Typen dieses Zeichens stecken voll kindlicher Neugier und unerschütterlichem Wissensdrang.

TEMPEL DES OSIRIS / KÖRPERLICHES UND GEISTIGES WOHLBEFINDEN

Nut steht für physische wie psychische Gesundheit. Seelische Tiefs und körperliche Mattheit sind bei Nut-Menschen von kurzfristiger Natur. Mit Enthusiasmus und

Humor gelingt es ihnen, auch depressive Phasen schnell zu meistern. Sollten Sie sich schön längere Zeit an einem Tiefpunkt fühlen, dann hilft Ihnen vielleicht ein Wochenende, das Ihnen ganz alleine gehört. Nehmen Sie Auszeit von Ihrer Familie oder dem Beruf, und gestalten Sie zwei Tage nur nach Ihrem Gusto.

TEMPEL DER HATHOR / LIEBE UND BEZIEHUNG Wer von Optimismus erfüllt ist, kann auch schwere partnerschaftliche Krisen bewältigen. Doch hüten Sie sich vor blinder Hoffnung. So manche Partnerschaft ist am Ende angelangt, es wäre Zeit- und Energieverschwendung, an ihr festzuhalten. Überdenken Sie Ihre Beziehung, und lassen Sie sich nicht auf bequeme Kompromisse ein.

TEMPEL DER MAAT / BERUF Sie können sich glücklich schätzen! Momentan läuft alles prima. Doch vielleicht stehen in Zukunft Probleme in Ihrem Berufsleben an. Achten Sie auf erste Zeichen und ruhen Sie sich nicht auf Ihren Lorbeeren aus.

UMGEDREHTES HOLZPLÄTTCHEN

TEMPEL DES AMUN / CHARAKTER
Geltungssucht, Rechthaberei, und Oberflächlichkeit – das sind die Eigenschaften, die man dem umgedrehten Nut-Plättchen nachsagt. Nicht selten steckt ein äußerst geringes Selbstwertgefühl hinter diesen Charakteristika. Menschen mit großen Minderwertigkeitskomplexen sollten sich auf ihre Werte und Fähigkeiten besinnen, um wieder zu sich selbst zu finden.

TEMPEL DES OSIRIS / KÖRPERLICHES UND GEISTIGES WOHLBEFINDEN
Menschen unter diesem Zeichen werden oft von schweren Depressionen gequält. Nehmen Sie alle Hilfen wahr, die sich Ihnen bieten. Dabei kann es sich um verschiedene Entspannungsmethoden wie autogenes Training oder Yoga handeln, aber auch um therapeutische Gespräche. Scheuen Sie sich nicht, diese Art Hilfe anzufordern, denn nur ausgebildete Therapeuten können Ihnen helfen, die Ursachen von Depressionen zu ergründen.

TEMPEL DER HATHOR / LIEBE UND BEZIEHUNG Möglicherweise ist in letzter Zeit alles, was Ihnen im Leben wichtig erschien, zerbrochen. Ein riesiger Scherbenhaufen liegt vor Ihnen. Machen Sie sich bewusst, dass dieser Zustand nicht von Dauer sein muss. Verstehen Sie das momentane Chaos als Aufruf, Ihr Leben neu zu planen, schon bald werden sich überraschende Perspektiven öffnen. Das Plättchen kann auch eine gefährliche Versuchung andeuten. Es steht für etwas Verbotenes, aber gleichzeitig Unwiderstehliches. Überdenken Sie die Angelegenheit lieber noch einmal, denn Sie könnten eine bestehende Beziehung gefährden.

TEMPEL DER MAAT / BERUF Sie sind vielleicht am Ende Ihrer Kräfte angelangt. Ein geplantes Ziel wurde nicht erreicht, Ihre Vorhaben sind gescheitert. Das umgedrehte Plättchen verheißt nichts Gutes. Es liegt nun an Ihnen, Ihre Kräfte zu aktivieren. Dann können Sie auch wieder neue Aufgaben übernehmen und sie erfolgreich zu Ende führen.

Göttin des Himmels,
breite dich aus über mir,
lasse mich eintreten in
das Leben, das dein ist.
Verschließe deine Türen
nicht vor mir,
auf dass ich über den
Himmel fahre
und eins werde mit
der Morgenröte.

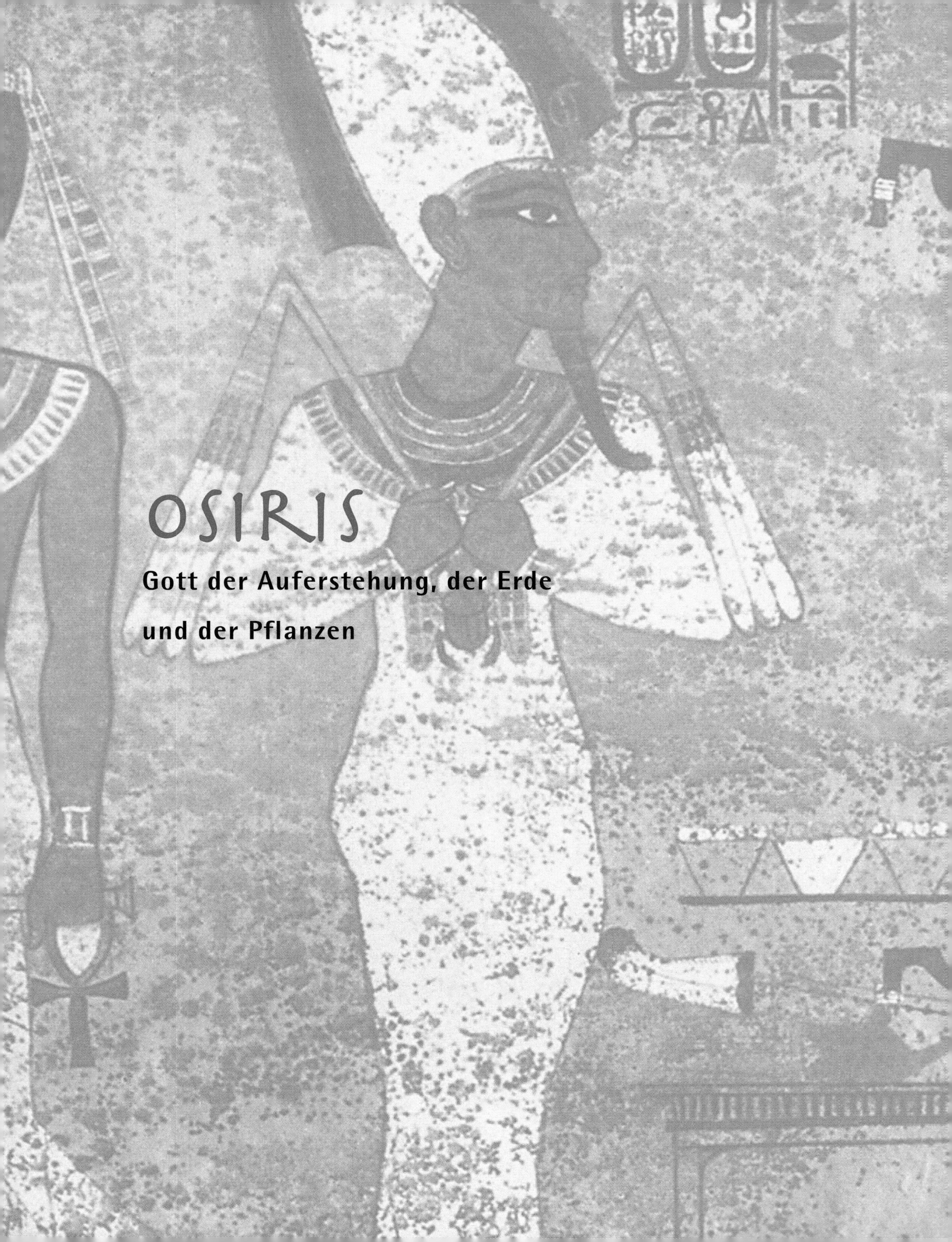

OSIRIS

Gott der Auferstehung, der Erde und der Pflanzen

BEGRIFFE Schuld und Sühne, Wohltätigkeit, Heilbringer, Fruchtbarkeitsgott

MYTHOS Osiris ist der älteste Sohn des Erdgottes Geb und der Himmelsgöttin Nut; Gott, Bruder und Gemahl der Isis. Seine Geschwister sind Nephtys und Seth. Zusammen mit Isis und Horus verkörpert er die Familie. Er steht für Vater, Mutter und Sohn. Auf Darstellungen trägt Osiris ein bis zum Hals reichendes Gewand, auf seinem Haupt sitzt eine weiße Krone mit großen Federn, in den Händen hält er meist Krummstab und Wedel. Osiris galt als Erd- und Vegetationsgott. Er symbolisierte durch seinen Tod die jährliche Trockenheit und durch seine Wiedergeburt die Nilüberschwemmungen sowie das Wachstum des Getreides.

Die ältere Mythologie berichtet von seinem Tod durch Ertrinken, nach jüngeren Legenden wird er von Seth zerstückelt und von Isis zu neuem Leben erweckt. Isis empfing von ihrem toten Gemahl den Horus-Knaben. Osiris musste sein Leben in der Unterwelt weiterführen. Daher wird er auch als Totengott verehrt. Im Totenreich regiert Osiris als Richter und Gott. Als Richter im Totengericht verheißt er den Gerechten Auferstehung und Fortleben. In der Verklärung werden die Gerechten selbst zu Osiris.

Durch die Verschmelzung mit anderen Gottheiten übernahm Osiris auch deren Eigenschaften. Er verkörpert Tag und Nacht und erzählt damit auch das Gleichnis von Tod und Auferstehung. Der Kult um diesen Gott breitete sich über alle Mittelmeerländer aus.

RICHTIG LIEGENDES HOLZPLÄTTCHEN

TEMPEL DES AMUN / CHARAKTER Menschen unter diesem Zeichen besitzen die Fähigkeit Macht auszuüben, ohne sie zu missbrauchen. Sie lassen sich durch Tugenden wie Liebe, Weisheit und Gerechtigkeit leiten. Ein logischer Verstand und Kommunikationsfähigkeit zeichnet die Menschen unter diesem Symbol aus. Sie sollten jedoch stets daran erinnert werden, nicht nur auf ihren Verstand, sondern auch auf ihr Herz zu hören; denn häufig ignorieren sie dessen Stimme. Vordringliche Aufgabe der Osiris-Menschen ist es, Herz und Ratio in Einklang zu bringen und Emotionen besser auszudrücken. So werden sie auch dem Urteil ihrer Mitmenschen, sie seien kalt und hartherzig, wirkungsvoll begegnen.

TEMPEL DES OSIRIS / KÖRPERLICHES UND GEISTIGES WOHLBEFINDEN Das Plättchen des Osiris sagt eine gesunde und aktive Zeit vorher. Körper und Geist steht eine Phase der Kraft und Inspiration bevor. Nutzen Sie diese positiven Entwicklungen für sich und Ihre Zukunftspläne.

TEMPEL DER HATHOR / LIEBE UND BEZIEHUNG Einen Konflikt können Sie bereinigen, wenn Sie sich nicht nur von Ihrem Verstand leiten lassen. Hören Sie auch auf Ihr Herz, und geben Sie Ihrem Partner zu verstehen, dass Sie emotional an diesem Problem beteiligt sind. Das Symbol zeigt auch an, dass Sie sich jetzt möglicherweise von bestimmten Menschen oder Situationen lösen sollten.

TEMPEL DER MAAT / BERUF Momentan genießen Sie Ihre Arbeit oder das gute Klima, das zwischen Ihnen und Ihren Kollegen herrscht. Ihr Beruf füllt Sie vollkommen aus. Möglicherweise warnt Sie dieses Plättchen auch, Ihr Privatleben nicht zu vernachlässigen. Prüfen Sie, ob Sie sich in letzter Zeit nicht ein bisschen zu viel um Ihre Arbeit gekümmert und dabei Ihre Familie vernachlässigt haben.

Umgedrehtes Holzplättchen

TEMPEL DES AMUN / CHARAKTER Sie sind nachtragend und blicken neidvoll auf die Erfolge anderer. Aber nicht nur diese Eigenschaften erschweren Ihnen das Leben, sondern auch die Neigung, über andere ungerechtfertigt zu urteilen.

TEMPEL DES OSIRIS / KÖRPERLICHES UND GEISTIGES WOHLBEFINDEN Dass es Ihnen körperlich häufig nicht gut geht, liegt sicher auch an Ihrer tief verwurzelten Missgunst. Der Körper reagiert mit Verkrampfungen, eventuell auch Magengeschwüren. Lernen Sie, Ihre Situation anzunehmen und sich damit zufriedenzugeben. Danach werden Sie sich wie neugeboren fühlen.

TEMPEL DER HATHOR / LIEBE UND BEZIEHUNG Manche Personen unter diesem Zeichen klammern zu sehr an bestehende Beziehungen. Lernen Sie loszulassen! Dann erst werden Personen, die Ihnen lieb sind, freiwillig zu Ihnen zurückkehren. Sie fürchten die Veränderung, obwohl sie befreiend wirken wird. Wenn Sie weiterhin in diesem Zustand ausharren, droht zermürbende Bewegungslosigkeit.

TEMPEL DER MAAT / BERUF Missgunst beschränkt Ihre Aktionsmöglichkeiten. Von außen erhalten Sie nur wenig Unterstützung, denn in letzter Zeit haben Sie sich nicht gerade beliebt gemacht. Zu oft reagieren Sie aggressiv auf andere, anstatt auf sie einzugehen. Ziehen Sie Ihr Menschenverständnis und Ihr Einfühlungsvermögen zurate. Sie werden Ihnen helfen, Konflikte im Berufsalltag zu lösen.

PHÖNIX

Fischreiher

BEGRIFFE Neubeginn; Wiederkehr

MYTHOS Der Fischreiher, der, wenn das Niltal überschwemmt war, dorthin zurückkehrte und sich bei Sonnenaufgang majestätisch in die Lüfte erhob, bildet den Ursprung der Phönixlegende. Nachdem Phönix regelmäßig zur Zeit der Überschwemmungen auftauchte, setzten ihn die Ägypter mit der wiederbelebenden Kraft des Wassers gleich. Er stand auch allgemein für Erneuerung. Phönix wurde für die Ägypter zu einem lebendigen Abbild des sich zyklisch erneuernden Lebens. Der Mythos erzählt von einem Vogel, der sich selbst verbrennt und aus seiner Asche wieder aufsteigt. Einige Versionen dieses Mythos sprechen von einem 1461 Jahre dauernden Zyklus des Phönix: Diese Phase nannte man Sothisperiode. Sie umfasste den Zeitraum, an dem der heliakische Aufgang des Sirius mit der ägyptischen Jahreswende zusammenfiel. Der Beginn einer neuen Sothisperiode bedeutete für die Ägypter die Geburt eines neuen Zeitalters und stand damit für eine umfassende Erneuerung des Kosmos.

RICHTIG LIEGENDES HOLZPLÄTTCHEN

TEMPEL DES AMUN / CHARAKTER

Phönix steht für einen kämpferischen Charakter. Mit Selbstbewusstsein und Dynamik nehmen Menschen dieses Zeichens ihre Aufgaben wahr. Geradlinig und aufgeschlossen für Ideen anderer verfolgen sie ihre Ziele. Fehlschläge werden hingenommen. Resignation ist dem Phönix fremd, immer wieder versucht er es aufs Neue. Mit Klugheit, Mut und Entschlossenheit verwirklicht er seine Wünsche.

TEMPEL DES OSIRIS / KÖRPERLICHES UND GEISTIGES WOHLBEFINDEN

Das Plättchen deutet auf eine Änderung und Wandlung in Ihrem Leben hin. Denken Sie aber daran, dass Erneuerung große Energie verlangt. Gönnen Sie sich deshalb alles, was Sie derzeit körperlich, geistig und spirituell brauchen. Pflegen Sie sich, achten Sie auf gesunde Ernährung und ausreichende Bewegung. Tanken Sie mindestens dreimal pro Woche Sauerstoff. Probieren Sie aus, was Ihnen am meisten

Freude macht. Denn was Spaß macht, stärkt auch unser Immunsystem. Filtern Sie düstere Gedanken aus. Dann werden Sie für die Neuerungen gestärkt sein.

TEMPEL DER HATHOR / LIEBE UND BEZIEHUNG Vielleicht spielen Leidenschaft und Sex in Ihrem momentanen Leben keine große Rolle. Sie beschäftigen sich mit anderen Dingen, die Sie vollkommen ausfüllen. Lassen Sie sich nicht durch Vorwürfe von Ihrem Tun abbringen. Das Plättchen kann aber auch darauf hinweisen, dass Sie einen oder mehrere nahe stehende Menschen verlassen werden. Als dritte Möglichkeit verkündet Phönix ein aufflammendes Gefühlsleben.

TEMPEL DER MAAT / BERUF Bald wird ein frischer Wind durch Ihr Leben wehen. Für Ihre harte Arbeit werden Sie nun belohnt. Bevor Sie aber Ihr Ziel erreichen, müssen Sie möglicherweise ein Risiko eingehen. Wägen Sie es vorher gut ab. Die Umstände sprechen für Sie und garantieren einen glückliches Ende.

UMGEDREHTES HOLZPLÄTTCHEN

TEMPEL DES AMUN / CHARAKTER
Sturheit, Trotz und Launenhaftigkeit sind in Ihr Leben eingezogen. Ungeduldig verfolgen Sie Ihre Ziele, doch Ihre Erfolgsaussichten sind gering. Lernen Sie, wieder positiv und unverkrampft Ihre Aufgaben wahrzunehmen, und formulieren Sie Affirmationen, die Ihnen aus dem Tal, in dem Sie sich befinden, heraushelfen: »Ich bin mit Energie und Enthusiasmus erfüllt«.

TEMPEL DES OSIRIS / KÖRPERLICHES UND GEISTIGES WOHLBEFINDEN
Das Leben erscheint Ihnen ungerecht, denn der eine hat Glück, der andere Pech. Willkürlich werden Ihrer Meinung nach Vor- und Nachteile, Krankheit oder Tod über die Menschen verteilt. Befreien Sie sich von dieser fatalen Sicht, denn Sie macht tatsächlich krank. Es liegt nicht am Schicksal, ob Sie gesund und zufrieden durchs Leben gehen oder missmutig und kränkelnd. Sie selbst entscheiden mit Ihrer geistigen Haltung über Ihr Befinden.

TEMPEL DER HATHOR / LIEBE UND BEZIEHUNG Stellen Sie Ihre egoistischen Begierden und eitle Selbstliebe zurück. Lernen Sie, wieder Rücksicht auf andere zu nehmen. Sonst werden Sie bald alleine dastehen. Sie wirken häufig kalt, Ihr Leben steril. Verinnerlichen Sie sich Folgendes: Liebe zu einem anderen ist nur möglich, wenn man sich selbst schätzt. Sonst scheitert man am Bemühen, im anderen das zu finden, was man in sich selbst noch nicht entdeckt hat.

TEMPEL DER MAAT / BERUF Erneut tauchen Probleme auf. Es kommt zu Komplikationen und Verzögerungen – und Sie dachten schon, alle Hürden gemeistert zu haben. Nun müssen Sie sich wieder mit alten Kamellen befassen. Hüten Sie sich davor, Ihre alten Fehler zu wiederholen. Stellen Sie sich Ihren Problemen, und nehmen Sie Ihre Chancen wahr. Versuchen Sie einmal bewusst, zuerst an die Bedürfnisse anderer zu denken. Sie werden überrascht sein, wie sehr Sie und Ihre sozialen Kontakte davon profitieren werden.

RE

Der Sonnengott

BEGRIFFE Schöpfer; Schöpferkraft; Lebensspender; Schutzgott der Könige

MYTHOS Die Ägypter verehrten den Sonnengott Re als Himmelskörper, der jeden Tag in einer Barke von Osten nach Westen fuhr. Nachts führte sein Weg durch die gefährlichen Gestade der Unterwelt. Der Sonnengott tritt in Menschengestalt mit Falkenkopf und Sonnenscheibe auf oder auch mit Männerkopf und Bart. Sein Erzeuger ist Atum, einer der ältesten Götter, auch »Vater der Götter« genannt. Re verkörperte den Schöpfer und Erhalter der Welt. Der Obelisk war sein Symbol. Man setzte Re später mit anderen Göttern wesensgleich. Einige von ihnen erhielten in der Staats- und Königsideologie Ägyptens staatstragenden Rang. Im Neuen Reich ernannte man die Götter Amun von Theben, Re von Heliopolis und Ptah von Memphis zur Dreiheit (Triade) der gesamten Gottheiten. Der Geburtsname des Königs wurde seit der 4. Dynastie mit »Sohn des Re« belegt. Als Hauptkultort galt Heliopolis. Die Pyramiden waren dem Sonnenkult geweiht.

RICHTIG LIEGENDES HOLZPLÄTTCHEN

TEMPEL DES AMUN / CHARAKTER
Das tägliche Kommen und Gehen der Sonne symbolisiert Geburt und Tod, weist aber auch auf die ewige Wiederkehr hin. Bei diesem mächtigen Feuerball handelt es sich um eine Energiequelle, die sich selbst nährt. Menschen unter diesem Zeichen bestechen durch Unabhängigkeit, große Intelligenz, Können und Selbstvertrauen. Mit Charisma gelingt es diesen attraktiven Personen, Menschen für sich und ihre Ideen zu gewinnen. Zuversichtlich nimmt Re jede Herausforderung an.

TEMPEL DES OSIRIS / KÖRPERLICHES UND GEISTIGES WOHLBEFINDEN
Verstehen Sie das Plättchen als Aufforderung, die Eigenschaften der Sonne zu nutzen und für Ihr körperliches und geistiges Wohlbefinden zu verwerten. Die Sonne ist Lebensspender. Genießen Sie Ihre Strahlen, so oft es Ihnen möglich ist. Ein Spaziergang an frischer Luft aktiviert Ihr Immunsystem und bringt gute Laune.

TEMPEL DER HATHOR / LIEBE UND BEZIEHUNG Nach außen hin wirken Sie auf den ersten Blick kühl. Doch hinter Ihrer Distanziertheit verbirgt sich große Leidenschaft. Geben Sie anderen Menschen ausreichend Zeit, Ihre wahren Werte kennen zu lernen. Nach einer Weile wird man Ihnen für Ihre Fürsorge und Ihr Einfühlungsvermögen große Bewunderung zollen. Lassen Sie sich von anderen aber nicht auf Dauer als Seelentröster missbrauchen. Auch Sie selbst benötigen jemanden, der Ihnen gelegentlich sein Ohr leiht und Ihnen mit Verständnis, Rat und Tat zur Seite steht.

TEMPEL DER MAAT / BERUF Dieses Plättchen verspricht Glück und Selbstverwirklichung im Beruf. Menschen unter diesem Zeichen findet man in allen möglichen Berufssparten. Es handelt sich um Autoritätspersonen, denen die Menschen in der Regel vertrauen. Setzen Sie in der Arbeit verstärkt auf Ihre großen Begabungen in den Bereichen Kreativität, Fantasie und Intuition.

UMGEDREHTES HOLZPLÄTTCHEN

TEMPEL DES AMUN / CHARAKTER Sarkastisch, unaufrichtig, neurotisch, unsicher und überempfindlich tasten sich Menschen unter diesem Zeichen durchs Leben. Ihre Energie verpulvern sie in sinnlosen Aktionen. Häufig wechseln sie den Job, weil sie sich für keinen Lebensweg entscheiden können. Diese Menschen versuchen, andere zu täuschen und zu manipulieren. Ihre Unsicherheit verstecken sie gerne hinter vorgetäuschter Lässigkeit.

TEMPEL DES OSIRIS / KÖRPERLICHES UND GEISTIGES WOHLBEFINDEN Eine schwierige Situation könnte Ihre Seele belasten und sich auf Ihr körperliches Befinden niederschlagen. Menschen dieses Zeichens belügen sich häufig selbst, indem sie mit Hilfe von Drogen in eine Welt der Illusionen abtauchen. Vergegenwärtigen Sie sich, dass Ihre Probleme dadurch nicht zu lösen sind. Überprüfen Sie Ihren Umgang mit »Genussmitteln«, und suchen Sie professionelle Hilfe auf.

TEMPEL DER HATHOR / LIEBE UND BEZIEHUNG Dieses Plättchen deutet auf unbefriedigendes Sexual- und Emotionalleben hin. Vergebens versuchen Menschen unter diesem Zeichen, in sexuellen Abenteuern Erfüllung zu erlangen. Das Plättchen kann aber auch ein Hinweis auf eine Begegnung mit einem destruktiven Menschen sein. Bieten Sie ihm Ihre Hilfe an.

TEMPEL DER MAAT / BERUF Eine Niederlage und innere Leere lähmen Sie momentan. Fehlschläge haben Ihr Selbstbewusstsein zerbrochen. Sie merken nicht, dass Sie sich selber am Schopf aus dem Sumpf ziehen könnten. Sie verschleudern Energie im Kampf gegen etwas, das in Wirklichkeit in Ihnen liegt. Werfen Sie Ihre Probleme in einen imaginären Papierkorb. Scheitern Sie nicht an Ihren hohen Idealen. Das Leben ist eine abenteuerliche Reise, die durch die Gegensätze des eigenen Wesens führt. Sobald wir glauben, am Ziel angelangt zu sein, wartet bereits eine neue Herausforderung auf uns.

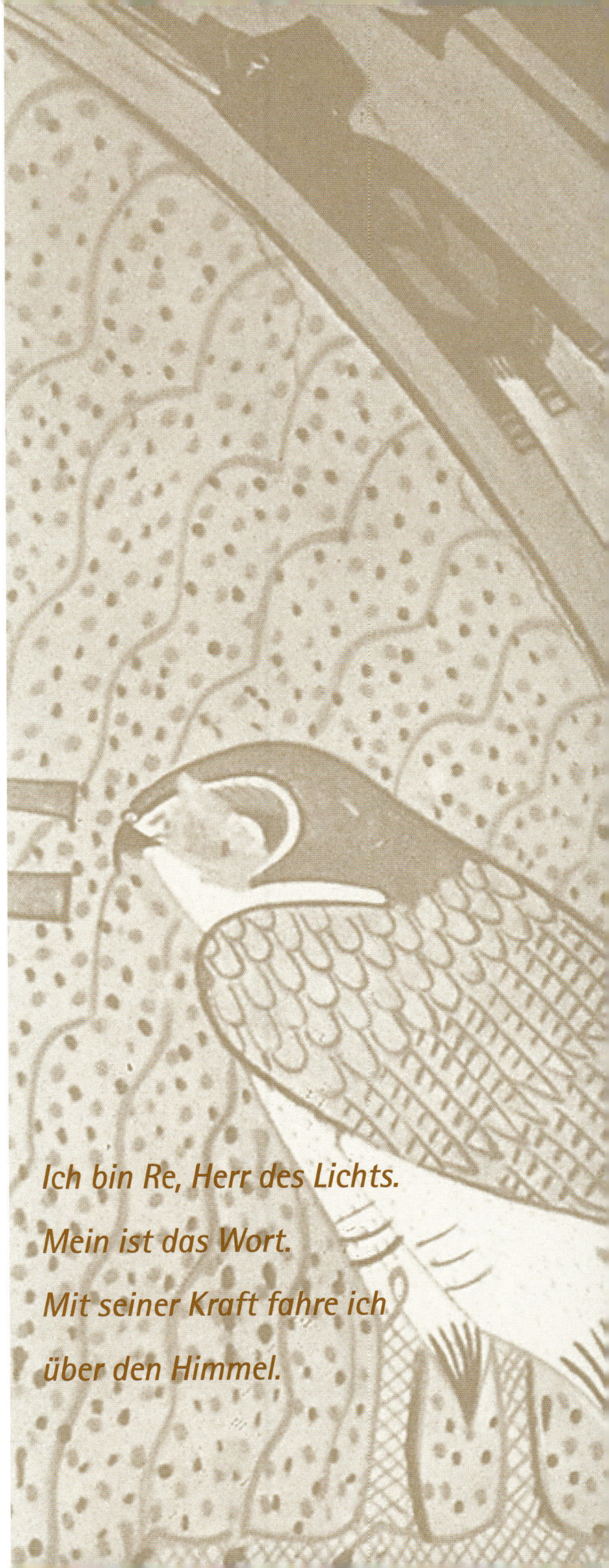

SCHEN

Der Ring

BEGRIFFE Endlosigkeit; Dauer; Beständigkeit; Würde; Sinnlichkeit

MYTHOS Für die Ägypter war die Welt »das, was die Sonne umkreist«. Ein an den Enden verknotetes Seil stand sinnbildlich für diesen geschlossenen Kreislauf. Um zu symbolisieren, dass der Pharao Herrscher über die gesamte Welt war, umrahmte man sein Zeichen ebenfalls mit dem verknoteten Seil, der so genannten Kartusche. Manche Wissenschaftler sehen in der Kartusche ein Schutzsymbol für ihren Inhalt, also den Pharao.

RICHTIG LIEGENDES HOLZPLÄTTCHEN

TEMPEL DES AMUN / CHARAKTER Konservative, großzügige, pragmatische und kraftvolle Menschen findet man unter diesem Zeichen. Würde und Macht verbindet man mit ihrer Person. Erfolge und Anerkennung, die ihnen schon seit frühester Kindheit zuteil wurden, haben Schen-Typen zu selbstbewussten Menschen heranreifen lassen, die sehr selbstständig durchs Leben gehen.

TEMPEL DES OSIRIS / KÖRPERLICHES UND GEISTIGES WOHLBEFINDEN Das Zeichen des Ringes deutet auf ein im Allgemeinen harmonisches Zusammenspiel von Körper und Geist hin, das sich normalerweise als ausgesprochen stabil erweist. Doch Vorsicht ist geboten! Gerät das ausgeglichene Verhältnis zwischen Körper und Geist ins Wanken, drohen Depression und körperliche Labilität.

TEMPEL DER HATHOR / LIEBE UND BEZIEHUNG Schen wendet sich an den sinnlichen Part unseres Ichs. Erkennen Sie den Einfluss Ihrer Sexualität. Machen Sie sich klar, dass die fleischliche Lust aus dem gleichen Stoff besteht, aus dem auch Ihr Verstand hervorgekommen ist. Schämen Sie sich nicht für Ihre sinnlichen Wünsche und Bedürfnisse. Das Plättchen zeigt Einigkeit und enge Verbundenheit an. Frauen unter diesem Zeichen bevorzugen eher einen guten Liebhaber als einen Mann, der nach außen hin etwas darstellt. Mit ihrem ausgeprägten Selbstbewusstsein gelingt es ihnen, auch die hartnäckigsten

Männer zu zähmen. Dabei wünschen sich Menschen unter diesem Zeichen häufig nicht irgendeinen Partner, sondern den besten. Nicht immer aber ist ihnen klar, welche Eigenschaften ihr Partner mitbringen sollte. Konzeptlos suchen sie und erproben alles, was sich ihnen bietet. Manchmal hilft eine nüchterne Aufstellung aller positiven Züge, die man von einem Menschen erhofft, um eine differenziertere Wahl treffen zu können.

TEMPEL DER MAAT / BERUF Schen-Menschen sind meist gute Chefs, die mit Einfühlungsvermögen und Elan ihre Mitarbeiter motivieren. Dieses Plättchen fordert Sie auf, Ihr privates und berufliches Reich derzeit besonders gut zu pflegen. Als selbstständiger Mensch sorgen Sie für stabile Bedingungen in Ihrem Leben. Ratschlag: Gehen Sie einer Sache auf traditionellem Wege nach. Achten Sie auf vorgegebene Richtlinien, ohne dabei jedoch starr zu werden. Dann wird Ihre Umwelt die notwendige Sicherheit und Geborgenheit spüren.

UMGEDREHTES HOLZPLÄTTCHEN

TEMPEL DES AMUN / CHARAKTER
Derzeit mangelt es Ihnen an Inspiration und einem klaren Ziel. Das liegt unter anderem daran, dass Sie nicht den Wünschen Ihres Herzens folgen. Manche Schen-Menschen lassen sich gerne gehen. Häufig geschieht das im Verborgenen, während nach außen eine schöne Fassade aufrechterhalten wird. Lassen Sie sich von diesem Plättchen animieren, die positiven Eigenschaften des Schen zu entdecken.

TEMPEL DES OSIRIS / KÖRPERLICHES UND GEISTIGES WOHLBEFINDEN
Das Plättchen fordert uns auf, einen stärkeren Glauben an das Gute im Leben zu entwickeln. Denn ohne Glauben verlieren wir unser Vertrauen. Die Hoffnung auf eine veränderte, bessere Lebenssituation wird unsere Seele von Angst, Stress und Unruhe befreien. Gelassenheit und Optimismus werden Sie erfüllen, und Ihr Körper wird sich erholen und für neue Aktivitäten bereit sein.

TEMPEL DER HATHOR / LIEBE UND BEZIEHUNG Pflegen Sie Ihre Freundschaften. Laden Sie Freunde zum Essen ein, oder gehen Sie zusammen aus. Geben Sie Ihren Nächsten das Gefühl, dass sie wichtig für Ihr Leben sind. Denn gerade in letzter Zeit haben Sie Ihr Privatleben und die Menschen, die Ihnen lieb und teuer sind, stark vernachlässigt. Betrachten Sie auch Ihre Liebesbeziehung einmal wieder genauer. Vernachlässigen Sie den geistigen Austausch, oder sind Zärtlichkeiten zur Seltenheit geworden? Noch ist es nicht zu spät! Das Plättchen könnte auch auf eine ungewöhnliche Beziehung hindeuten, die sich demnächst anbahnt.

TEMPEL DER MAAT / BERUF Das Schen-Plättchen ermuntert Sie, eine schwierige Situation mit einer originellen Idee in den Griff zu bekommen. Die Zeit des Experimentierens ist angebrochen. Verfolgen Sie Ihr Ziel, und lassen Sie sich nicht von Neidern irritieren oder zur Aufgabe Ihres Unterfangens verleiten. Lernen Sie, Rückschläge hinzunehmen.

SCHUT

Die Feder

BEGRIFFE Wahrheit; Gerechtigkeit; Leichtigkeit; Leere

MYTHOS: Die Feder ist Inbegriff des Leichten, Schwerelosen. Sie diente beim Totengericht als Gegengewicht für das Herz des Verstorbenen. Nur wenn es so leicht und so rein wie eine Feder war, konnte der Verstorbene weiterleben. In diesem Zusammenhang wurde die Feder auch zum Sinnbild für Wahrheit und Gerechtigkeit.

RICHTIG LIEGENDES HOLZPLÄTTCHEN

TEMPEL DES AMUN / CHARAKTER

Hohe ethische Werte und Grundsätze, Wahrheit, Intelligenz, Mut und Kampfgeist verrät dieses Symbol. Menschen, die dieses Zeichen gewählt haben, versuchen, zu gerechten Urteilen zu gelangen, ohne jedoch vorschnell zu verurteilen. Sorgfältig wägen sie alle Positionen ab und kommen schließlich zu einer wohl bedachten Meinung. Intelligent führen sie ihre Argumente ins Feld und lassen sich nicht von Gegnern irreführen.

TEMPEL DES OSIRIS / KÖRPERLICHES UND GEISTIGES WOHLBEFINDEN

Halten Sie inne! Lassen Sie die Hektik um sich herum für Minuten in Vergessenheit geraten. Lauschen Sie der Stille. Sie benötigen Ruhe, um wieder zu sich selbst zu finden. Ihre Konstitution ist äußerst labil. Gehen Sie behutsam mit sich und Ihrem Körper um. Gönnen Sie sich Entspannung und ausreichend Zeit, um wieder zu neuen Kräften zu finden.

TEMPEL DER HATHOR / LIEBE UND BEZIEHUNG Ihr Vertrauen in nahe Stehende oder Ihren Partner ist wenig ausgeprägt. Doch für Sie wie auch für den Erhalt Ihrer Beziehung ist Vertrauen wichtig. Sie werden Zuversicht und Inspiration erlangen, wenn Sie sich einem Menschen öffnen. Beschreiben Sie ihm Ihre Gefühle, Ängste und Sorgen – das befreit Sie nicht nur von drückenden Gedanken, sondern schafft auch Vertrauen. Man wird Sie nicht enttäuschen! Das Plättchen gibt zu verstehen, dass Sie manchmal zu streng mit sich selbst und mit anderen sind.

TEMPEL DER MAAT / BERUF Sie können erschaffen, aber auch vernichten. Lassen Sie Neues zu, und halten Sie nicht an Althergebrachtem fest. Dann werden sich berufliche Angelegenheiten günstig für Sie entwickeln. Mitarbeiter und Vorgesetzte gewinnen Sie durch Ehrlichkeit sowie durch Ihren ausgeprägten Sinn für Gerechtigkeit. Nutzen Sie diese Stärke, denn sie wird von Kollegen mit Bewunderung und Achtung honoriert.

UMGEDREHTES HOLZPLÄTTCHEN

TEMPEL DES AMUN / CHARAKTER Dieses Plättchen deutet auf einen labilen Charakter. Häufig werden Menschen dieses Typs als Opportunisten charakterisiert, die sich mit dem Wind drehen. Rücksichtslos gehen sie mit Menschen um, die sich ihren Plänen in den Weg stellen. Dabei werden ihre intriganten Machenschaften nicht jedem bewusst. Meist befinden sich Schut-Menschen nicht im Einklang mit sich selbst und lassen ihre Aggressionen an anderen aus.

TEMPEL DES OSIRIS / KÖRPERLICHES UND GEISTIGES WOHLBEFINDEN Aggressionen, die Sie nicht los werden, schlagen sich auf Gemüt und Körper. Vielleicht hilft Ihnen eine Kampfsportart oder regelmäßiges Jogging, Ihre angestauten Aggressionen abzubauen. Finden Sie eine auf Ihre persönlichen Bedürfnisse zugeschnittene Möglichkeit, Spannungen zu lösen und Körper wie Geist von Stress zu befreien. Generell sollten Schut-Menschen achtsam mit sich umgehen, denn ihre Gesundheit hängt zur Zeit an einem seidenen Faden.

TEMPEL DER HATHOR / LIEBE UND BEZIEHUNG Ihre Beziehung droht zu zerbrechen, doch Sie sind unfähig, aktiv zu werden und Schwierigkeiten anzusprechen. Die Wahrheit kann sehr verletzend sein, besonders wenn sie in emotionale Ebenen dringt. Verpacken Sie Kritik in behutsame Worte, und versuchen Sie auch, die Situation Ihres Partners zu verstehen. Schlüpfen Sie gleichsam in seine Haut, und erspüren Sie seine Gefühle. Ein einfacher Trick hilft Ihnen dabei: Vollziehen Sie aufreibende Beziehungskonflikte in Rollenspielen mit einem Freund oder einer Freundin nach, und übernehmen Sie dabei die Rolle Ihres Partners. Auf spielerische Art wird Ihnen so die Sichtweise des anderen verständlich werden. Meistens lässt sich mit dem gewonnenen Erfahrungsschatz das Problem klären.

TEMPEL DER MAAT / BERUF Möglicherweise hat man Sie zurückgewiesen, Ihnen eine angestrebte Aufgabe nicht übertragen oder eine freie Position anderweitig vergeben. Sie sind verletzt und ziehen sich in Ihr Schneckenhaus zurück. Ihr Selbstbewusstsein leidet sehr. Sie halten sich selbst für unfähig, eine bestimmte Aufgabe zu übernehmen. Dieses Gefühl vermitteln Sie auch den anderen. Befreien Sie sich aus dieser Sackgasse! Nehmen Sie Ihre Ziele in Angriff, und formulieren Sie positive Affirmationen: »Ich bin mit Energie und Leistungskraft erfüllt. Ich übernehme gerne verantwortungsvolle Aufgaben. Ich bin dazu fähig.«

SESCHEN

Lotusblüte

BEGRIFFE Schönheit; Wiedergeburt

MYTHOS Nach einem Schöpfungsmythos ging die Sonne aus einer Lotusblume hervor, die im Urwasser entstanden war. Die Lotusblume, die in den stehenden Gewässern Ägyptens gedeiht, ist eng mit dem Wasser und mit der Entstehung der Erde sowie der Fruchtbarkeit des Bodens verknüpft. Die Lotusblüte ist der Inbegriff für Schönheit; im Neuen Reich nannte man sie auch »die Schöne«. Vor allem die süßlich duftende blaue Lotusblume wurde verehrt. Grabmalereien stellen Verstorbene dar, die den Duft der Blüte einatmen, denn sie symbolisiert Wiedergeburt, Neugeburt und Lebensspende.

Richtig liegendes Holzplättchen

TEMPEL DES AMUN / CHARAKTER Im Zeichen der Seschen stehen Liebe, Lebenslust, Lachen und Begeisterungsfähigkeit. Sie empfindet große Freude, wenn sie andere an ihrer Liebe teilhaben lässt. Die Lotusblume hilft, sich selbst zu erkennen. Friede herrscht in ihrem Herzen. Mit ihrer Zärtlichkeit rührt sie die Herzen der Umwelt an. Die Menschen unter dem Zeichen der Lotusblume besitzen die Fähigkeit zu organisieren, gerecht zu herrschen und ihre klar gesteckten Ziele zu verfolgen.

TEMPEL DES OSIRIS / KÖRPERLICHES UND GEISTIGES WOHLBEFINDEN Liebe und Freude erfüllt Ihr Herz. Das ist die optimale Basis für ein gutes körperliches wie geistiges Wohlbefinden. Seien Sie dankbar, und lassen Sie es nicht zu, dass andere Zwietracht säen und Sie in Intrigen verstricken möchten.

TEMPEL DER HATHOR / LIEBE UND BEZIEHUNG Folgende Fragen sollten Sie sich stellen: »Teilen Sie vorurteilsfrei Ihre Liebe aus? Lassen Sie die Nähe der anderen zu?« Wagen Sie einen Versuch! Lieben Sie einen Menschen, den Sie als schwierig empfinden. Ihre Ängste werden weichen, und die Anspannung wird wie ein Ballast von Ihnen abfallen. Schieben Sie Ihre Befürchtungen beiseite, und lassen Sie die Liebe zu. Das Plättchen weist aber auch darauf hin, dass man Glücksgefühle und daraus entstehende Kräfte mit anderen teilen sollte. Alle, mit denen Sie in Kontakt kommen, werden von Ihrer Anmut bezaubert sein.

TEMPEL DER MAAT / BERUF In Ihrem Innern findet momentan ein Reifungsprozess statt. Eine Idee entwickelt sich, ihre Realisierung ist nah. Schöpfen Sie Ihre spirituellen und geistigen Potenziale aus. Machen Sie etwas aus Ihren Begabungen! Große Talente werden der »Lotusblume« im kreativen Bereich nachgesagt.

UMGEDREHTES HOLZPLÄTTCHEN

TEMPEL DES AMUN / CHARAKTER Unausgeglichen und aufbrausend begegnen Sie Ihrer Umwelt. Rechthaberisch versuchen Sie Ihre Meinungen und Vorschläge durchzudrücken, um Ihr starkes Geltungsbedürfnis zu befriedigen. Oft entgeht Ihnen allerdings, dass andere sich nur scheinbar von Ihren Argumenten überzeugen lassen.

TEMPEL DES OSIRIS / KÖRPERLICHES UND GEISTIGES WOHLBEFINDEN Ruhelosigkeit treibt Sie umher. Nachts liegen Sie schlaflos im Bett, und tagsüber verbergen Sie sich vor anderen. Vertrauen Sie sich einem Freund an. Versuchen Sie, Ihre Gefühle auszudrücken. Befreien Sie sich von Ihrem inneren Druck, der körperliche Beschwerden verursachen könnte. Benutzen Sie die Kraft Ihres Unterbewussten, um wieder zu sich zu finden. Selbsterkenntnis und Selbstliebe sind jetzt gefragt. Üben Sie Nachsicht mit sich selbst!

TEMPEL DER HATHOR / LIEBE UND BEZIEHUNG Möglicherweise wurde Ihre Zuneigung zurückgewiesen. Nun plagen Sie Frustration und Ärger. Sie fühlen sich ungeliebt und isoliert. Es fällt Ihnen schwer noch eine Verbindung zu Ihren schönen Seiten herzustellen. Fühlen Sie sich von Ihrem Partner vernachlässigt? Womöglich wurden Sie betrogen. Ihre unterdrückte Wut kann sich in Depressionen niederschlagen, lassen Sie daher Ihren Gefühlen freien Lauf.

TEMPEL DER MAAT / BERUF Entdecken Sie neue Wege. Versuchen Sie, mehr Liebe in Ihre täglichen Aufgaben zu stecken. Gehen Sie mit Freude und Interesse an Ihre Arbeit. Haben Sie den Eindruck, nicht weiterzukommen? Entdecken Sie das Neue im Alltag. Warum gehen Sie bestimmten Dingen aus dem Weg? Und warum sind Schwierigkeiten aufgetaucht? Haben sie Ihnen geschadet oder auch genutzt? Jetzt ist der günstigste Augenblick, sich Problemen zu stellen. Treffen Sie eine Entscheidung. Nehmen Sie Abstand, und betrachten Sie Ihre Probleme erneut. Dabei kann Ihnen auch der Rat eines Außenstehenden helfen. Sie werden überrascht sein, wie einfach sich Verstrickungen lösen. Das Symbol könnte auch das Scheitern eines Planes andeuten. Anerkennung bleibt Ihnen verwehrt. Nach außen hin tragen Sie oft eine Maske der Gleichgültigkeit. Innerlich erfüllt Sie Begierde. Solange dies der Fall ist, wird Stillstand herrschen. Überprüfen Sie Ihre Verhaltensmuster, damit Sie ein entzerrtes Selbstbild von sich gewinnen.

Herz erfreuen, Schönes betrachten, an Tanz und Gesang erfreuen, mit Myrrhenöl salben, mit Geb-Flüssigkeit einreiben, Lotosblüten zur Nase (halten), Brot, Bier, Milch, süßer Wein und alle Dinge sind vor dem Ka des Fürsten, des Gerechtfertigten.

SETH

Wettergott; Gott der Wüste und fremder Länder; Herr der Oasen

BEGRIFFE Schlechtigkeit; Kraft; Stärke; Gewalt; Chaos; Dämon; Böses

MYTHOS Seth gilt neben Horus als Schutzgott der Könige. Neben seiner schützenden Funktion vertritt er jedoch auch das Böse. Er symbolisierte das unheilvolle Gewitter, trat als Begleiter des Kriegsherrn in der Schlacht auf. In einem Relief im Tempel von Karnak sieht man, wie er den Pharao Thutmosis III. das Bogenschießen lehrt. Man verspottete seine Entmannung durch Horus und verbrannte ihn auf dem Scheiterhaufen. Dieser Gott wird durch Windhund, Nilpferd oder Antilope dargestellt. Die Osiris-Legende benennt Seth als zerstörerisches Element. Er ermordete seinen Bruder Osiris und kämpfte mit dessen Nachfolger Horus um die Herrschaft. Die Spätzeit verurteilte Seth daher als das Böse schlechthin. Andererseits bewahrte er aber den Sonnengott Re, auf der Barke stehend, vor der grässlichen Unterweltschlange Apophis.
Der Hauptkultort Seths lag im ägyptischen Ombus. In der Spätzeit endete Seths Ansehen durch die Erhöhung des Osiris.

RICHTIG LIEGENDES HOLZPLÄTTCHEN

TEMPEL DES AMUN / CHARAKTER
Seth-Menschen gehen zweigesichtig durchs Leben. Beweisen sie auf der einen Seite große Loyalität und uneigennützige Hilfsbereitschaft, so zeigt ihre andere Seite gewinnstrebendes und rücksichtsloses Verhalten. Ehrlichkeit und Vertrauenswürdigkeit gehören nicht zu den herausragenden Eigenschaften dieses Typs.

TEMPEL DES OSIRIS / KÖRPERLICHES UND GEISTIGES WOHLBEFINDEN
Unbewusste Ängste und Sorgen lenken Sie. Oft wird Ihr Leben zudem von materialistischen Vorlieben und hintertriebenen Machtspielen beherrscht. Ihnen ist noch nicht klar geworden, dass Sie sich selber zum Gefangenen gemacht haben. Ihr Blickfeld ist begrenzt. Öffnen Sie sich anderen Aspekten des Lebens. Meditation, Yoga oder sanfte Sportarten wie Tai Chi können dabei sehr hilfreich sein. Wenden Sie Ihren Blick auf Ihre spirituellen Eigenschaften, um Wohlbefinden zu erfahren.

TEMPEL DER HATHOR / LIEBE UND BEZIEHUNG Seth steht für unsere widerstreitenden animalischen Triebe. Um ihrer Herr zu werden, sollte man gegen sich selbst mit Strenge, Disziplin und Konsequenz vorgehen. Möglicherweise träumen Sie davon, eine schöne Frau oder einen attraktiven Mann an Ihrer Seite zu haben. Streifen Sie Ihre Eitelkeiten ab. Unter einer glänzenden Maske können sich unschöne Dinge verbergen. Das Holzplättchen zeigt Auseinandersetzungen an. Wenn Sie sich diesen Konflikten stellen, werden Sie gestärkt daraus hervorgehen.

TEMPEL DER MAAT / BERUF Sie tendieren zu einem despotischen Umgang mit anderen. So gelingt es Ihnen zunächst zwar, Kollegen mundtot zu machen, aber letztendlich tragen Sie damit zu einem schlechten Arbeitsklima bei. Menschen unter diesem Zeichen neigen dazu, ihre Macht zu missbrauchen, um andere zu beeinflussen. Nach außen hin wahren Sie den Schein und versuchen, Ihre niedrigen Motive zu verbergen.

Umgedrehtes Holzplättchen

TEMPEL DES AMUN / CHARAKTER Dieses Plättchen weist verstärkt auf furchtsames Verhalten hin. Menschen, die dieses Plättchen gezogen haben, begehen Fehler, weil ihre Entscheidungen auf Ängsten basieren. Seth-Typen legen darüber hinaus großen Wert auf Äußerlichkeiten. Ihre Eitelkeit macht sie blind. Sie merken nicht, wie sich ihre Umwelt über ihr aufgeblasenes Verhalten empört. In einer Rolle gefangen, schlagen sie heftig um sich, haben aber Angst, aus alten Gewohnheiten auszubrechen. Merken Sie sich: »Jede Lektion ist eine Chance.« Hören Sie auf, andere mit materiellen Dingen beeindrucken zu wollen.

TEMPEL DES OSIRIS / KÖRPERLICHES UND GEISTIGES WOHLBEFINDEN Das Plättchen deutet an, dass ein Mensch nicht mehr er selbst ist. Er mimt wie ein Schauspieler eine Theaterrolle. Der Sinn für die Realität ist ihm abhanden gekommen. Das kann Ursache für Depressionen,

Lustlosigkeit und vielerlei physische Erkrankungen sein. Setzen Sie all Ihre Kraft und Ihr Engagement ein, um sich wieder freizuschwimmen. Erst wenn Sie seelisch wieder stabilisiert sind, wird auch Ihr Körper seine alte Stärke demonstrieren.

TEMPEL DER HATHOR / LIEBE UND BEZIEHUNG Dieses Plättchen kann andeuten, dass eine Beziehung nur noch aus Gewohnheiten besteht. Der Schein soll gewahrt werden. Doch hinter der schönen Fassade ist diese Verbindung längst zerbrochen. Haben Sie den Mut zu einer Trennung – auch wenn sie nur vorübergehend ist. Als allgemeiner Rat für Seth-Typen gilt: Entwickeln Sie ein besseres Gespür für Ihre Umgebung.

TEMPEL DER MAAT / BERUF Seth weist auf anstehende Kämpfe hin, die letztendlich zur Stärkung Ihrer Persönlichkeit führen werden. Versuchen Sie jedoch, nicht zu viele Dinge auf einmal zu erreichen. Konzentrieren Sie sich auf ein Ziel, und verfolgen Sie dieses.

SOBEK

Der Krokodilgott

BEGRIFFE Furcht; Schrecken; Gefahr

MYTHOS Um die gefährlichen Tiere des Nildeltas zu besänftigen, erhoben die Ägypter das Krokodil zum Gott der Gewässer und der Fische. Sobek wurde als Mensch mit Krokodilkopf oder mit krokodilartiger Gestalt dargestellt. Man verehrte den Krokodilgott an Orten, die extrem von Wasser abhängig waren. So beispielsweise in der Oasenstadt Krokodilopolis, in der die Reptilien in kleinen Gewässern lebten und mit Juwelen geschmückt wurden. Auch in anderen Städten, die Sobek geheiligt waren, hielt man abgerichtete Krokodile, pflegte und umsorgte sie. Starb solch ein Gott, balsamierte man seinen Körper ein und begrub ihn in meist unterirdisch angelegten Tierfriedhöfen. Sobek war auch die Hauptgottheit in der im Nildelta angesiedelten Stadt Fayum. Im Mittleren Reich wurde der Krokodilgott gemeinsam mit der Sonnenscheibe verehrt, weil er wie die Sonne aus dem »Urwasser« hervorging. Besondere Wertschätzung wurde ihm im Nildelta zuteil, am Karun-See sowie in Kom Ombo.

RICHTIG LIEGENDES HOLZPLÄTTCHEN

TEMPEL DES AMUN / CHARAKTER
Große Intuition und psychische Kraft prägen die Menschen unter diesem Zeichen. Sie sind gleichsam Freund und Psychologe, die am Leid anderer aufrichtig Anteil nehmen. Sobek respektiert die Rechte anderer. Er lebt vor, anstatt zu predigen. Wenn Sie dieses Holzplättchen gezogen haben, werden Sie sich als kreativer Geist in der Regel in Ihrem Leben wohl fühlen.

TEMPEL DES OSIRIS / KÖRPERLICHES UND GEISTIGES WOHLBEFINDEN
Das Wasser, der Lebensort von Sobek, schafft und erhält Leben. Wegen seiner fließenden und reflektierenden Eigenschaften symbolisiert dieses Element auch unser Unterbewusstsein sowie unsere Seele. Wer dieses Symbol gezogen hat, darf darauf vertrauen, dass körperliches und geistiges Wohlbefinden in Einklang sind. Spüren Sie Veränderungen, so hilft es Ihnen vielleicht, in irgendeiner Form die Kraft des Wasser zu nutzen.

TEMPEL DER HATHOR / LIEBE UND BEZIEHUNG Dieses Plättchen deutet rohe, unkultivierte sexuelle Impulse an. Fälschlicherweise deuten wir diese als unanständig und böse. Wir empfinden Scham für unsere verborgenen Triebe und Fantasien. Dabei sind sie ein wichtiger Teil unseres Ichs. Diese Seite erscheint nur in naturhafterer, ursprünglicherer und ungebändigterer Form. Öffnen Sie sich Ihren unbekannten Seiten, und lassen Sie Ihren Gefühlen freien Lauf, dann werden Sie höchste Freuden erfahren.

TEMPEL DER MAAT / BERUF Menschen unter diesem Zeichen stellen oft sehr hohe Erwartungen an sich und andere. Doch wer ständig Hochleistung erbringen soll, ist schnell ausgelaugt und letztlich zu keinerlei Leistung mehr fähig. Motivieren Sie Ihre Kollegen, indem Sie Ihnen Verständnis entgegenbringen. Sobek könnte auch bedeuten, dass Sie sich in einer Entscheidung unsicher sind. Wenn Sie streng an Ihrer inneren Überzeugung festhalten, wird alles gut für Sie enden.

UMGEDREHTES HOLZPLÄTTCHEN

TEMPEL DES AMUN / CHARAKTER Agressivität, Eigensinn und Egoismus kennzeichnen diese Seite Sobeks. Erbarmungslos und ohne Einfühlungsvermögen verfolgen Menschen dieses Typs ihre Ziele und halten stur an ihnen fest. Einsicht und bescheidenes Anerkennen anderer Meinungen ist ihnen fremd. Mit despotischer, blinder Ungeduld drängen sie voran. Dabei wäre es wichtig, sich mit den Schattenseiten auseinander zu setzen.

TEMPEL DES OSIRIS / KÖRPERLICHES UND GEISTIGES WOHLBEFINDEN Das Plättchen verrät innere Blockaden und sexuelle Hemmungen. Diese Gefühle können in Gewaltausbrüchen münden oder zerstörerische Autoaggressionen hervorrufen. Schon der eigene Schutz macht es notwendig, diesen Veränderungen auf die Spur zu kommen. Hören Sie in sich hinein, und versuchen Sie, Blockaden zu lösen. Eventuell sollten Sie einen geschulten Therapeuten zu Hilfe nehmen.

TEMPEL DER HATHOR / LIEBE UND BEZIEHUNG Hören Sie auf, ein Netz der Täuschung zu spinnen und darin nahe stehende Menschen zu verstricken. Lassen Sie Ihre Maske fallen! Sobek könnte auch Hinweis auf eine Person sein, die ihre schlechten Eigenschaften auf andere projiziert, um sich selbst gerechter und reiner zu fühlen. Vielleicht sind Sie selbst dieser Sündenbock. Wehren Sie sich gegen diesen Missbrauch.

TEMPEL DER MAAT / BERUF Dieses Plättchen kann eine negative Veränderung in Ihrem Berufsleben andeuten. Das hängt vielleicht damit zusammen, dass Sie zu viele Kompromisse eingegangen sind und dabei gegen Ihre innerste Überzeugung gehandelt haben. Setzen Sie sich konstruktiv mit Ihren Problemen auseinander, anstatt konfliktscheu in Kompromissen Ausflucht zu suchen. Menschen unter diesem Zeichen fühlen sich häufig unwohl in ihrer Haut. Sie finden keine klaren Worte. Suchen Sie ein geeignetes Ausdrucksmittel für sich.

Preis sei dir,
o Sobek von Krokodilopolis,
du Re,
du Horus,
du mächtiger Gott.

ⲧⲉⲧ

Isisknoten

BEGRIFFE Schutz; Treue

MYTHOS Tet ist das Symbol der Isis, das unter anderem auch als das Blut der Göttin interpretiert wird. Man nennt dieses Zeichen deshalb auch Isisblut. Seine Form erinnert an ein Henkelkreuz, dessen beide Arme nach unten geklappt sind. Am Hals der Toten vermittelt das Tet-Amulett den Schutz der Isis. Doch auch Lebende, vor allem Kinder, die unter dem besonderen Schutz der Muttergöttin stehen, können sich mithilfe dieses Zeichen vor Unheil und Bösem bewahren.

RICHTIG LIEGENDES HOLZPLÄTTCHEN

TEMPEL DES AMUN / CHARAKTER Menschen unter diesem Zeichen sind meist treue Gefährten und Freunde. Sie pflegen ihre Freundschaften und fallen durch ihren starken Beschützerinstinkt auf. Außenstehende schätzen Sie fälschlicherweise als kühl ein. Doch wenn Ihre Absicht gut und moralisch ist, wird die Umwelt das bald erkennen und Sie auf Ihrem Weg unterstützen.

TEMPEL DES OSIRIS / KÖRPERLICHES UND GEISTIGES WOHLBEFINDEN Eine Periode der Zurückgezogenheit und Reflexion beginnt. Nach Ausbruch eines Konflikts, der durch eine Trennung, einen Tod, aber auch einen heftigen Streit bedingt sein kann, benötigen Sie Entspannung. In dieser Ruhe werden Sie Klarheit über das Geschehen gewinnen. Versuchen Sie nicht, sich abzulenken, indem Sie sich unter viele Menschen begeben. Dadurch lassen sich die Geschehnisse nicht vergessen machen. Sie brauchen die Phase der Einsamkeit, um das Leben daraufhin umso stärker wieder genießen zu können. Erholung und Besinnung stehen an. Sammeln Sie Kräfte für zukünftige Anstrengungen. Akzeptieren Sie Ihren Zustand. Sie können Ihr Leben nun mit Klarheit betrachten. Nutzen Sie die Gelegenheit für einen Neubeginn. Ihre Sichtweise wird sich erweitern. Sie schreiten voran, weit über Ihre Grenzen hinaus. Solch eine geistige Reinigung geht meist bedeutenden Ereignissen voraus. Sie wird auch als Heilung einer Krankheit verstanden.

TEMPEL DER HATHOR / LIEBE UND BEZIEHUNG Zufriedenheit, Harmonie und Liebe kündigen sich an. Große Ruhe breitet sich in Ihnen aus. Dieses Zeichen kann auch für eine Partnerschaft stehen, die dauerhaft und stark sein wird. Möglicherweise lernen Sie auch bald einen Menschen kennen, der Ihr Gefühlsleben stark beeinflussen könnte. Hinweis: Treue, Vertrauen und Loyalität sind die Grundpfeiler einer Beziehung. Konzentrieren Sie sich auf diese Eigenschaften, und lernen Sie, diese auch an anderen schätzen.

TEMPEL DER MAAT / BERUF Vielleicht müssen Sie in naher Zukunft eine wichtige berufliche Entscheidung treffen. Dann ist es wichtig, dass Sie unbeeinflusst von anderen Ihren Weg gehen. Machen Sie Ihren Standpunkt, Ihre Erwartungen und Bedingungen unmissverständlich deutlich, und lassen Sie sich nicht von einem überheblichen Gegner in die Ecke drängen. Sorgen Sie schon heute für die Kraft, die Sie zu diesem Zeitpunkt dringend benötigen werden.

UMGEDREHTES HOLZPLÄTTCHEN

TEMPEL DES AMUN / CHARAKTER Unruhe und Unzufriedenheit kennzeichnen Menschen dieses Typs. Nicht zuletzt liegt dies daran, dass sie sich selbst verleugnen und sich leicht anderen unterordnen. Wer zum Spielball brutaler Zeitgenossen wird, kann nicht mehr mit sich selbst zufrieden sein.

TEMPEL DES OSIRIS / KÖRPERLICHES UND GEISTIGES WOHLBEFINDEN Blicken Sie nach innen. Welche Gefühle behindern Sie? Finden Sie zu mehr innerer Ruhe. Reinigen Sie sich von Ihren negativen Gedanken, und schaffen Sie so die Bedingungen für Ihr körperliches Wohlbefinden, das gerade in letzter Zeit erheblich leiden musste.

TEMPEL DER HATHOR / LIEBE UND BEZIEHUNG Versuchen Sie Eigenschaften wie Selbstlosigkeit und Vertrauen zu entwickeln. Nur dann werden Sie fähig sein, dauerhafte Freundschaften einzugehen. Viele Menschen unter diesem Zeichen neigen zu kurzlebigen Beziehungen. Unzufriedenheit, Streit und fehlende Erfüllung treiben sie von ihren Partnern immer wieder fort. Lernen Sie, wieder in die Liebe zu vertrauen. Das Zeichen deutet oft auch an, dass eine Beziehung scheitern könnte. Vergebung und Verständnis sind nun gefragt.

TEMPEL DER MAAT / BERUF Zorn, Angst und Hassgefühle gegenüber Kollegen könnten Ihr Innenleben beherrschen. Diese Gefühle blockieren jedoch Ihr Vorwärtskommen. Vielleicht hilft Ihnen folgende Übung aus diesem Dilemma. Schließen Sie Ihre Augen. Visualisieren Sie Ihre Problemsituation, und versehen Sie diese mit einem dunklen Rahmen. Lassen Sie das Bild nun vor Ihren Augen immer dunkler werden, bis es in der Schwärze des Rahmens aufgeht. Jetzt lassen Sie die Lösungssituation in einem hellen und freundlichen Rahmen erscheinen. Verweilen Sie mehrere Minuten bei dieser letzten, positiven Szenerie.

THOT

Mondgott

BEGRIFFE Weisheitsgott; Herr der Gottesworte; Gesetzeskundiger; Geschichtsschreiber; Schriftkundiger

MYTHOS Thot ist ein hochrangiger Gott des ägyptischen Pantheons. Er tritt in Menschengestalt mit Ibis-Kopf auf, man sieht ihn aber auch als Ibis oder Mantelpavian, die er als heilige Tiere betrachtete. Beim Totengericht wird er zum göttlichen Vorlesepriester. Seinen Oberkörper umspannt eine breite Schärpe; er ist mit Palette und Schreibbinse ausgestattet.

Als Mondgott war Thot verantwortlich für den Kalender, die Zeitrechnung sowie die Mathematik. Er notierte die Herrschaftsjahre der Könige und verzeichnete sie auf den Blättern des heiligen Isched-Baumes. Darüber hinaus entwickelte Thot Schrift und Sprache und hütete die göttliche Ordnung. Beim Totengericht notierte er die Ergebnisse der Seelenwaage und überbrachte sie Osiris. Außerdem hielt er das Geständnis des Toten fest. Daraufhin wurde der Tote für reinen oder unreinen Herzens erklärt. Thot bezeichnete man auch als »Herz des Re«, weil die Ägypter das Herz als den Sitz der Gedanken betrachteten. Thot wurde in vielen ägyptischen Städten, besonders aber in Hermopolis verehrt. Die Griechen verglichen ihn mit dem Götterboten Hermes.

RICHTIG LIEGENDES HOLZPLÄTTCHEN

TEMPEL DES AMUN / CHARAKTER
Dieses Plättchen symbolisiert die Gegensätze, die uns bestimmen. Böse und gut, weiblich und männlich, Chancen und Niederlagen. Mondgott-Menschen besitzen nicht nur einen scharfen Verstand und großen Ehrgeiz, sondern auch ein hohes Maß an Intuition.

TEMPEL DES OSIRIS / KÖRPERLICHES UND GEISTIGES WOHLBEFINDEN Das Plättchen steht für die Wechselfälle des Lebens. Sie werden aufgefordert, Ihre Intuition zu nutzen, dann wird großes Wohlbefinden Sie erfüllen. Nehmen Sie die Dinge so an, wie sie sind, und akzeptieren Sie sich selbst. Das ist die Basis für physisches und psychisches Wohlergehen.

TEMPEL DER HATHOR / LIEBE UND BEZIEHUNG Sie können von Glück sprechen! Keiner kennt die verschlungenen Pfade des Herzens so gut wie Sie. Wie kaum ein anderer sind Sie zu aufrichtiger Liebe und Mitgefühl befähigt. Aber Achtung! Menschen unter diesem Zeichen lieben Unabhängigkeit und Freiheit. Das verführt manchen zu Seitensprüngen.

TEMPEL DER MAAT / BERUF Thot deutet einen großen Energieschub an. Schon bald werden Sie neue Möglichkeiten und Chancen haben. Möglicherweise müssen kreative Fähigkeiten aber erst noch entwickelt werden. Akzeptieren Sie Ihre Talente, und überfordern Sie sich nicht. Des Weiteren sollten Sie sich immer wieder klarmachen, dass Sie in einer zyklischen Welt leben: Auf Dauer lässt sich nichts festhalten. Fügen Sie sich in diese Weisheit, und befreien Sie sich von Stress. Das Plättchen zeigt auch die Macht des positiven Denkens an: »Ich bin das, was ich zu sein glaube.« Unser Sein ist das Ergebnis unserer Gedanken.

Umgedrehtes Holzplättchen

TEMPEL DES AMUN / CHARAKTER Menschen unter dem umgedrehten Zeichen Thot sind oft sehr ernsthaft und neigen zu Grübeleien. In vielen Fällen ziehen sie sich in eine Welt der Träume zurück. Beständig täuschen sie sich selbst und fliehen vor der Realität. Dieses Plättchen könnte Sie davor warnen, sich zu sehr von der Welt zurückzuziehen. Benutzen Sie Ihre Loslösung nicht als Schutzmauer gegen alle äußeren Einflüsse.

TEMPEL DES OSIRIS / KÖRPERLICHES UND GEISTIGES WOHLBEFINDEN Ihre Seele ist durch ungelöste Probleme belastet. Stimmungswechsel und depressive Phasen beeinträchtigen Ihr Gesamtbefinden. Teilen Sie Ihre Probleme und Fragen anderen Personen mit. Durch unterschiedliche Ansichten und Meinungen wird sich manche Schwierigkeit, die Sie lange belastet hat, schließlich in Luft auflösen. Die Welt wird in ein anderes Licht getaucht werden – und Sie mit ihr.

TEMPEL DER HATHOR / LIEBE UND BEZIEHUNG Möglicherweise beherrschen gerade Frust und Resignation Ihr Liebesleben. Sie fühlen sich verletzt und desillusioniert. Hören Sie auf, jede Situation zu Ihrem Vorteil nutzen zu wollen. Dann wird sich vieles bessern. Das Plättchen kann auch darauf hinweisen, dass Sie jemand hinters Licht führen möchte.

TEMPEL DER MAAT / BERUF Eine Zeit der Veränderung kündigt sich an. Sie kann das Ende, aber auch den Beginn einer Sache andeuten. Das Plättchen zeigt Risiko und Gefahr an. Seien Sie aufmerksam. Es besteht keine Notwendigkeit für eine Geheimhaltung. Überprüfen Sie Ihre wahren Motive. Lassen Sie sich derzeit manchmal von Verschlagenheit und List leiten? Achten Sie darauf, dass Ihre innere Stimme Sie nicht in die Irre führt. Suchen Sie neue Wege, und betrachten Sie den Abgrund genau, bevor Sie sich zu nah an ihn heranwagen. Thot kann auf gescheiterte Pläne hinweisen. Mangelhafte Durchführung und Planung sind daran schuld.

O Thot, der du Osiris zum
Siege verhilfst,
in deinen Fallen und Schlingen
Nimm meine Feinde gefangen!
In der Gegenwart aller Götter
und Göttinnen
In der Gegenwart des großen
Heliopolis-Gottes …

UDJAT

Heilendes Auge

BEGRIFFE Genesung; Erneuerung; Harmonie; Ausgeglichenheit

MYTHOS Das Auge des Falkengottes Horus wird als menschliches Auge dargestellt, zusätzlich ist es aber mit einer für Falken typischen schwarzen Zeichnung und einem stilisierten Falkengefieder versehen. Der Gott Seth riss dem falkenköpfigen Horus einst das Auge aus und zerstückelte es. Thot, der Mondgott, las die Teile des Auges auf, fügte sie wieder zusammen und heilte das Organ.

Das Auge ist eines der häufigsten Motive ägyptischer Kunst. Es bezieht sich immer auf die Macht zu sehen, zu erleuchten und zu handeln. Als Mondsymbol verweist es auf die zunehmende Mondscheibe und gewinnt damit die Bedeutung der Erneuerung und Wiederkehr. Vor allem der Fortbestand des Königtums wird durch Udjat versinnbildlicht. Als magisches Schutzsymbol wehrt das Horusauge Unheil ab und bewahrt vor Gefahren; als Hoffnungssymbol stärkt es den Glauben an wiederkehrende Erneuerung und universelle Harmonie.

RICHTIG LIEGENDES HOLZPLÄTTCHEN

TEMPEL DES AMUN / CHARAKTER

Menschen, die dieses Plättchen gewählt haben, gehen energievoll, aber dennoch umsichtig an ihre Aufgaben. Mit weitsichtigem Blick prüfen sie ihre Möglichkeiten und vermeiden riskantes Handeln. Sie besitzen großes Einfühlungsvermögen und ausgeprägte intuitive Fähigkeiten. Mit Elan und Charisma gelingt es denjenigen, die dieses Symbol gewählt haben, andere Menschen zu motivieren.

TEMPEL DES OSIRIS / KÖRPERLICHES UND GEISTIGES WOHLBEFINDEN

Udjat-Typen besitzen die Fähigkeit, sich selbst und andere zu heilen. Das kann durch Worte, aber auch Taten erfolgen. Die sehr sensiblen, mit spirituellen Fähigkeiten ausgestatten Menschen, können durch Meditiation große Kräfte erwerben. Das Plättchen fordert Sie auch auf, Ihre spirituellen und heilenden Gaben verstärkt zu entwickeln. Sie besitzen das Potenzial dazu.

TEMPEL DER HATHOR / LIEBE UND BEZIEHUNG Udjat-Typen sind vorsichtig in der Wahl ihrer Partner. Bevor sie eine Beziehung eingehen, wägen sie sorgfältig sämtliche Für und Wider ab. Mehr Spontanität könnte Ihrem Leben manchmal mehr Würze verleihen. Nicht alle Risiken sind abwägbar, und der Sprung ins Unbekannte hat seine Reize. Geben Sie sich ganz der Liebe hin. Sie werden mit Erstaunen feststellen, dass es sich lohnt, eingefahrene Verhaltensweisen zu ändern und für Überraschungen bereit zu sein.

TEMPEL DER MAAT / BERUF Um eine richtige Entscheidung für Ihr berufliches Fortschreiten treffen zu können, müssen Sie wissen, was Sie wollen und können. Das klingt sehr simpel, verlangt aber große Selbsterkenntnis. Und in nichts täuscht man sich leichter als in sich selbst. Die Aufgabe, an die Sie dieses Plättchen gemahnt, heißt: »Sehen lernen.« Achten Sie verstärkt auf Ihre innere Stimme, sie wird Ihnen helfen, den Schlüssel zu sich selbst zu finden.

UMGEDREHTES HOLZPLÄTTCHEN

TEMPEL DES AMUN / CHARAKTER Unausgeglichenheit beherrscht diesen Charakter. Menschen unter dem Zeichen Udjat haben oft den Kontakt zu sich selbst verloren. Wie Horus' Auge ist auch Ihr Auge zerbrochen und Ihre Wahrnehmung erheblich gestört. So entstehen Zerrbilder, die dazu führen, dass man Dinge und Personen falsch beurteilt. Eine Reihe von Fehlentscheidungen ist die Folge. Ein geringes Selbstwertgefühl und daraus resultierende Unsicherheit kennzeichnen das Handeln dieser Personen, das keiner geraden Linie zu folgen scheint.

TEMPEL DES OSIRIS / KÖRPERLICHES UND GEISTIGES WOHLBEFINDEN Sie fühlen sich verwirrt, unsicher oder unausgeglichen. Ihr Körper ist müde, matt und schlapp. Nehmen Sie diese Hinweise ernst, und sorgen Sie für mehr Ruhe und Entspannung. Schaffen Sie Möglichkeiten, um wieder zu sich selbst zu finden. Körper und Geist werden es Ihnen danken.

TEMPEL DER HATHOR / LIEBE UND BEZIEHUNG Gestörte Kommunikationsfähigkeit wird zu Problemen in Familie oder Beziehung führen. Nennen Sie die Dinge beim Namen. Dann wird sich rasch einiges klären. Das Plättchen weist aber auch auf verstärkte Eifersucht hin. Machen Sie sich bewusst, dass man einen anderen Menschen nicht besitzen kann. Wenn er sich aus einer Partnerschaft lösen will, müssen Sie ihn gehen lassen.

TEMPEL DER MAAT / BERUF Sie neigen dazu, sich in Dramen zu verstricken oder selber Dramen zu inszenieren. Dabei werden Kleinigkeiten häufig so lange aufgebauscht, bis sie sich wie unüberwindbare Mauern vor Ihnen türmen. Versuchen Sie sich an die Ausgangssituation eines Problems heranzutasten. Verfolgen Sie Schritt für Schritt die Entwicklung der Ereignisse. Vertrauen Sie sich einem Menschen an, der als neutraler Beobachter gelten kann. Fassen Sie den Mut, auch unangenehme Kritik anzunehmen. Akzeptieren Sie Ihnen angebotene Hilfe.

Meine Barke gewährt
mir Überfahrt.
Der Gott des Wissens lässt
mich landen,
wie er das Auge des Horus
landen ließ,
der ohne Schiff war.

UNESCH

Der Schakalschlitten

BEGRIFFE Rätsel; Metall

MYTHOS Der Schlitten wurde vermutlich ursprünglich von Expeditionsmitgliedern als Transportmittel verwendet. Auf der Suche nach Metallen und anderen Bodenschätzen zogen sie in die östliche Wüste, wo sie unbekannte Gefahren erwarteten. Der Schakal als Wüstentier galt dabei als Schutzgottheit der Menschen. Der Schakalschlitten ist das Symbol für Metall, aber auch für alle wundersamen und ungewöhnlichen Dinge, deren Herkunft und Entstehung man sich nicht erklären konnte.

RICHTIG LIEGENDES HOLZPLÄTTCHEN

TEMPEL DES AMUN / CHARAKTER Menschen unter diesem Zeichen sind in der Regel Kämpfernaturen. Sie kämpfen für ihre Rechte, aber auch für die der anderen. Sehr selbstbewusst und geradlinig steuern sie ihre Ziele an und zeigen dabei Ausdauer und große organisatorische Fähigkeiten. Unesch-Typen sind die geborenen Führungspersonen.

TEMPEL DES OSIRIS / KÖRPERLICHES UND GEISTIGES WOHLBEFINDEN Nimmermüder Tatendrang, der Unesch-Typen kennzeichnet, fordert einen funktionierenden Körper und wachen Geist. Um Ihre Kräfte zu erhalten, sollten Sie sich regelmäßig Ihrer Gesundheit widmen. Legen Sie während der Arbeit öfters mal eine Pause ein, und erholen Sie sich bei Sport oder Kultur von Ihren kräftezehrenden Aufgaben.

TEMPEL DER HATHOR / LIEBE UND BEZIEHUNG Eventuell steht die Rückkehr eines Partners oder einer Partnerin an, die alte Geschichten und Konflikte wieder in uns aufwühlen wird. Wappnen Sie sich. Kehren Sie nicht zu alten Handlungsmustern zurück. Bemühen Sie sich um Gelassenheit. Denken Sie daran, dass in allen Menschen zwei Seiten stecken: eine negative und eine positive. Nehmen Sie sich Zeit, beide Gesichter zu betrachten. Erst dann werden Sie Ihr Gegenüber ganz wahrnehmen. Das eine Bild zeigt die Hälfte, die Sie gerne sehen wollen. Die andere

Seite aber werden Sie nur erkennen, wenn Sie Ihren Blickwinkel erweitern und Ihre Erwartungen ausklammern. Widmen Sie beiden Hälften gleich viel Aufmerksamkeit. Akzeptieren Sie auch die dunklen Merkmale, ohne dabei Ihr Gegenüber zu verurteilen oder sich selbst dafür zu rügen, diese nicht schon in der Vergangenheit enttarnt zu haben.

TEMPEL DER MAAT / BERUF Als Kämpfernatur werden Sie Schwierigkeiten überwinden und sie durch Zufriedenheit sowie Wohlstand ablösen. Wenn Sie die Schlacht jedoch gerade erst ausgefochten haben, sollten Sie noch eine Weile auf der Hut sein. Dasselbe Problem könnte nämlich noch einmal auf Sie zukommen. Das Plättchen kündigt darüber hinaus eine plötzlich eintretende Energie an, die Ihr Leben für kurze Zeit auf den Kopf stellen kann. Die alte Ordnung weicht dem Chaos. Konflikte werden heraufbeschworen. So bedrohlich das klingen mag, diese Erfahrung wird Sie letztendlich beflügeln und weiterbringen.

Umgedrehtes Holzplättchen

TEMPEL DES AMUN / CHARAKTER Menschen unter diesem Zeichen sind meist unfähig, für ihre eigenen Rechte einzutreten. Kampflos überlassen sie anderen das Schlachtfeld. Mehrere Gründe können dafür verantwortlich sein: allgemeine Schwäche, Unsicherheit, Leichtsinn und Furchtsamkeit.

TEMPEL DES OSIRIS / KÖRPERLICHES UND GEISTIGES WOHLBEFINDEN Unzufriedenheit beeinträchtigt Ihr Wohlbefinden. Trainieren Sie gezielt Ihr Selbstbewusstsein, dann werden Sie mit sich und der Welt wieder zufriedener sein. Belegen Sie Selbsterfahrungskurse, betreiben Sie geistig-körperlich orientierte Kampfsportarten, oder suchen Sie Stütze in der Meditation. Achten Sie vermehrt auf Ihre Gesundheit, denn eine geheilt geglaubte Krankheit könnte Sie wieder einholen. Lösen Sie sich von Ihrer Furcht vorm Altwerden. Um innerlich und äußerlich jung zu bleiben, können Sie viel tun.

TEMPEL DER HATHOR / LIEBE UND BEZIEHUNG Das Plättchen weist auf Streitlust und Gefühllosigkeit hin. Ein Mensch in Ihrem Umfeld geht rücksichtslos vor. Oder sind Sie selber damit gemeint? Ihre Beziehung könnte durch Sie oder Ihren Partner beendet werden. Sie lieben flüchtige Abenteuer und fürchten in einer Beziehung zu ersticken. Sie suchen ständig nach Anregungen und fliehen dabei vor sich selbst. Lernen Sie, auf Ihre eigenen Fähigkeiten und Intuitionen zu vertrauen, dann wird Ruhe Sie erfüllen. Das ist die Basis für eine erfüllte, lange währende Beziehung.

TEMPEL DER MAAT / BERUF Eine Aufgabe ist Ihnen aus den Händen geglitten. Schuld daran ist vielleicht, dass Sie Ihre Mitarbeiter despotisch und unwirsch behandelt haben. Das Plättchen ermahnt Sie, mit Diplomatie und Einfühlungsvermögen Menschen zu motivieren. Konzentrieren Sie sich nicht zu stark auf Ihre eigenen Ziele, sondern behalten Sie das Wohl der Firma im Auge.

DIE AUTORIN

Fatima al Raschid stammt aus einer alteingesessenen Familie in Alexandria. Ihr Vater war Lehrbeauftragter für ägyptische Geschichte an der Universität, und seit Generationen wird in der Familie al Raschid das Wissen um die Mystik Ägyptens weitergegeben. Nach dem Studium der Psychologie arbeitete Fatima al Raschid in Deutschland. Sie möchte nun auch die deutsche Leserschaft in die geheimnisvolle Welt altägyptischer Weissagungen einführen.

BILDNACHWEIS

Corel Professional Photos/CD-Rom: Great Works of Art. Art of Antiquity

LITERATUR

Gregoire Kolpaktchy (Hrsg.): Das Ägyptische Totenbuch. © Scherz Verlag. München 1998

Piotr O. Scholz: Altes Ägypten. © DuMont. Köln 1996

Christian Jacq: Folge deinem Herzen, solange du lebst. Weisheiten der alten Ägypter. © Rainer Wunderlich Verlag. Reinbek bei Hamburg 1999

Stephen Quirke: Altägyptische Religion. © Reclam Verlag. Leipzig

James P. Allen: Genesis in Egypt © New Haven 1988

HAFTUNGSAUSSCHLUSS

Die Inhalte dieses Buches sind sorgfältig recherchiert und erarbeitet worden. Dennoch kann weder der Autor noch der Verlag für die Angaben in diesem Buch eine Haftung übernehmen.

IMPRESSUM

Weltbild Buchverlag, Augsburg

Redaktion: Ursula Klocker, München
Umschlag, Layout, Illustrationen und Spielgestaltung: Peter Gross, München
DTP/Satz: AVAK Publikationsdesign, München
Reproduktion: kaltnermedia GmbH, Bobingen
Druck und Bindung: Druckerei Appl, Wemding

Gedruckt auf chlorfrei gebleichtem Papier

Printed in Germany

ISBN 3-89604-715-9

STICHWORTVERZEICHNIS